王雲五評傳

郭太風——著

上冊

自序
PREFACE

　　王雲五三個字，在我的記憶中從一開始就蒙上一層神秘的色彩。記得 20 世紀 50 年代中期，我 8 歲那年，在我父母的書房「白雁樓」裡亂翻書，發現一本四角號碼詞典，出於好奇，對照胡適編寫的檢字口訣，強記了一些主要的筆劃和符號，不到 2 小時便大致學會了使用四角號碼檢字法。從那時起，初識了王雲五的姓名，知道他是這種便捷的檢字法的發明人，覺得他的腦袋特別靈，纏著我的父母提問，想知道他究竟是什麼樣的一個人物。他們講了王雲五的不少逸聞趣事，但從不回答「他是好人，還是壞人」這一類的問題，使年齡尚很幼小的我，隱隱感到，王雲五在「很了不起」的背後，還有一團神秘的迷霧。

　　在寫本書之前，我花了幾個星期，流覽了關於王雲五數百萬字的材料，覺得中國臺灣方面讚頌他的紀念文章很多，少數文章則貶得過分;祖國大陸方面儘管有些文章提到過他，但往往是在不可省卻時才提到的，評價大多偏低。看過資料後，對王雲五的經歷和功過是非，心裡有了底，產生一種還王雲五以本來面目的寫作衝動。

　　王雲五對中國近代文化出版事業做出過重要的貢獻。除了發明四角號碼檢字法，他還創制了中外圖書統一分類法，曾被眾多圖書館採

用，對我國近代圖書館學的形成起過促進作用。然而，這兩項發明與王雲五在出版事業中取得的成就相比，則處於次要地位。凡是在20世紀20年代至40年代進過學校大門的人，幾乎都讀過商務印書館出版的書，有文化的人都知道，主持商務出版大計的人，是出版家王雲五。他統領商務編輯工作和總理館務達25年之久，一直在國內出版界保持一騎絕塵的領先地位，在20世紀30年代中期，將商務事業推向鼎盛，1934—1936年三年中，商務版新書的數量占全國新版圖書總量的48%，其中1936年商務版新書占全國新版書52%。商務印書館非但雄冠國內出版業，而且名列世界三大出版機構。

在主持商務出版事業期間，王雲五宣導出書要「激動潮流」，即多出有新意有品質的專著，注重學術性和知識含量，以此推進學術，普及健康純正的大眾文化。他認為，出書若無創意，若無助於民族文化素養的提高，則有愧於出版家的稱號，也有愧于讀者。他從不迎合小市民的口味而降低出書標準，拒絕出版卑俗委瑣、黃色無聊的讀物，也不採納政治上趨炎附勢的淺薄書稿。僅他設計並主編的《萬有文庫》系列叢書，先後出書便達7000餘冊，內容涵蓋各學科知識領域。20世紀30年代初，各地單位、團體因購置《萬有文庫》第一集而建立的圖書館有1000餘所，約占全國圖書館的一半。今天，許多舊社會過來的老知識份子，都受過《萬有文庫》的滋養，至今記憶猶新。王雲五主編的《大學叢書》，則填補了近代中國高等院校沒有中文教科書的缺憾，將我國高等教學推進到一個新的階段。王雲五還主持出版過其他許多影響深廣的大型叢書，本著作正文中均有述評，於此不贅。簡言之，在王雲五通盤籌畫下，商務出版了眾多有價值的讀物，在開發民智、促進教育、繁榮學術、溝通中西文化、弘揚優秀傳

統文化、振興中國近代科技文化等方面，實實在在地做了大量有益的工作，取得了世所公認的業績。

那時的商務印書館，被人們稱為「文化界的伯樂」。一些有專長無名望的學人士子，其作品一經商務發表，便「一登龍門，身價百倍」，其才識也得到同行的認可。許多新中國成立後肩負過重任的文學家、科學家、教育家，當年都在商務印書館出版過論著，或做過編輯。王雲五堅持用稿看品質，用人重才識，在扶持眾多年輕學人專家的同時，他本人也成為近代中國出版業一個方面軍的領軍人物。

王雲五既是出版家，也是改革家。他遠渡重洋，深入考察國外企業科學管理經驗，20 世紀 30 年代初開始在商務印書館推行科學管理法，實施全方位的改革，提高了工作效率。他還應邀到許多大學、機關、團體作演講，推廣科學管理法，並撰寫有關論著。就近代科學管理法在中國發展的歷史沿革而言，無論理論傳播還是實踐運用，王雲五都堪稱先驅人物之一。

王雲五還數度挽救商務事業。商務總館廠在「一‧二八」事變中被日機炸毀。抗日戰爭時期，商務印書館 40 餘家館廠大多淪于敵手。王雲五提出「為國難而犧牲，為文化而奮鬥」的口號，在逆境中奮爭不息，商務事業屢屢從困境中復蘇，他因此被知識界譽稱為「愛國出版家」。

抗戰時期，王雲五以「社會賢達」的身份參加國民參政會，開始參與高層的議政活動。他的名氣和社會影響，引起了國民黨當局的興趣。此後，國民黨蔣介石決意起用少數「社會賢達」，以掩蓋國民黨一黨專政的實質。這同王雲五當大官以「榮宗耀祖」的思想暗合。1946 年 5 月至 1948 年 11 月，王雲五在南京政府做過經濟部長、行

政院副院長、國府委員、財政部長。在兩年半的從政經歷留下了幾處敗筆，最大的敗筆便是奉蔣介石之命籌畫「幣制改革」，草擬了整套方案，1948 年的金圓券風潮禍及整個國統區，但很少有人知道，始作俑者居然是文化名人王雲五。1954—1963 年，王雲五先後出任臺灣當局「考試院」副院長、「行政院」副院長，猶如任人擺弄的政治花瓶，插花人是國民黨，他本人權力有限，政績自然乏善可陳。

1964 年，退出政壇的王雲五擔任臺灣「商務印書館」董事長，仿佛倦鳥歸林，恢復了勃勃生機。經由他整治革新，臺灣「商務印書館」很快就掃盡了掙扎求存的病態，先是大量重印 1949 年以前的商務版書籍，繼而推出各類新編的知識性文化讀物，特別注重於弘揚優秀的傳統文化，其意義不僅在於重振臺灣商務事業，而且對於臺灣同胞走出「文化沙漠」，深切認同中華文化，起了相當大的作用。在臺灣，王雲五有「博士之父」之稱，因為臺灣設置博士學位，由他首先宣導，他本人又是臺灣最早的博士生導師。作為碩果僅存的幾個文化名人，王雲五在臺灣文化學術界享有崇高的威望，除了經營臺灣「商務印書館」和指導博士生和碩士生之外，他還有七八項文化教育方面的社會兼職，均勉力主持，取得較為顯著的成就。

此外，王雲五本人又是一位筆耕勤奮的作者，他一生發表的文章數以百計，出版著譯 90 餘種。他晚年撰寫的學術專著《中國政治思想史》、《中國教育思想史》，各有 200 餘萬字，構思頗有特色。他最有價值的著作是《岫廬八十自述》、《商務印書館與新教育年譜》，各有 100 余萬字。這兩部長篇巨著，對於研究他本人，對於研究商務印書館和中國近代出版史，留下了寶貴的資料，而且從側面多層次地反映了中國近代社會的嬗變歷程，具有較高的史料與學術的價值。

在本書的撰寫過程中，筆者得到過多位前輩人物的鼓勵，聆聽了他們的教誨，受益匪淺。復旦大學沈渭濱教授提醒道，文字不要花俏，分寸感要強，評論止於適可。華師大林炯如教授意味深長地說，寫傳記的人，容易寫出感情，被傳主牽住。離休幹部朱宗堯先生的諄諄教導是，王雲五是文化大名人，不幸誤入政治歧途，多寫些文化方面的業績，政治經歷不妨淡化些。在京離休幹部韓子恪先生與我僅有一面之交，也托友人特地關照，王雲五後半生與國民黨當局關係密切，寫傳記不能回避這一點，但務必慎思。前輩們的關愛之心，我是深深領受的，於此表示感謝。他們的關照和叮嚀，也反映出王雲五這個人物具有多重性，選材議論都有難度，這或許是大陸迄今未見其傳的一個原因。

　　儘管王雲五是複雜而又敏感的人物，但不展示他的各個層面，便無從刻畫出立體的形象。「刻畫」不同於「描寫」，重在真實。本著作在寫作方法上取嚴謹態度，敘事論人皆言而有據，不加想像，不作推測性描述，因而人物的心理活動，缺乏依據的細節，由一點化開去的對話，諸如此類傳記文學常用的描繪手法，均不採用。然而，這種「輕文重質」的寫作方法，並沒有使我感到施展不開。寫大好人要在讚頌有致，寫反派人物則妙在笑　自如，這兩種寫作方法，雖易發揮文才，卻是我不很擅長的。寫「亦好亦壞」的人物，需要辨析入理，在寫作過程中展開思辨，這正是我喜歡的寫作方法。我品評人物的原則是：政治的問題，作政治上的論析。純學術的問題，作純學術的評析。學術與政治糾纏在一起的問題，則盡可能展開深入細緻的辨析，就事論事，實事求是，分析傳主的政治觀點對具體的學術活動有沒有影響，有哪些影響，原因何在。

由於王雲五最後 30 年生活在臺灣，又有當大官的經歷，有關他的生平資料，大多由臺灣發表出版。這些台版圖書資料在祖國大陸散存於少數幾個圖書館和高校。本書得以較為順利地完稿，得益於眾多親友的熱誠相助。復旦大學歷史系資料室傅德華先生，上海辭書出版社胡安權、王聖良先生，華師大圖書館印先生、龔女士，我的同事黃德良先生，為我提供了寶貴的資料。在京的若干友人，從北京圖書館搜集到很有用的資料，替我複印。小女郭昭如，參與整理了部分資料，並提出了若干有見地的寫作構想。內人孫孝煌女士將手稿列印成正稿。對於親友們的大力幫助，我於此表示誠摯的謝意。

目 錄
CONTENTS

從啟蒙到學貫中西

生在上海租界，祖籍廣東香山，五色祥雲稱雲五。年少聰悟，熟讀儒家經典，長於作文寫對子。

在舊時代生活過一段時間的文化人，大都會記得王雲五這個名字，那是因為王雲五是國內赫赫有名的老牌出版社商務印書館的「老闆」；對於一般平頭百姓，尤其是「老上海」，雖然不一定知道這個王某人是何許人，但害人匪淺的金圓券是無論如何忘不了的。這兩個印象，恰好代表了王雲五生平的兩個主要方面。無論如何，這個人在歷史上是應該寫上一筆的。讀者現在見到的這部傳記，就是筆者為此所做的嘗試。當然，這不是唯一的「一筆」，也不敢說是最好的「一筆」。

大凡出了名的人，其成名之前的經歷總有些不同尋常之處，或頑劣不堪，或顯露奇才。褒貶如何，又往往同他們成名後所扮演的歷史角色很有關係。王雲五是個功過摻雜的歷史人物，他的複雜性，或者說兩重性，使筆者覺得寫他的傳記，更應該抱著實事求是的態度。王雲五少年時代的特色是刻苦求學，博覽眾書，這同他成為一代著名出版家是一脈相通的。名人成名之前的資料來源，不外乎其本人自述、日記或他人的採訪、評述。王雲五寫過些日記，大多早已失散，他在1963—1966年曾撰寫《岫廬自撰年譜》，但沒有出版，其中主要材料編入125萬字的《岫廬八十自述》，記敘詳盡，資料豐富。他的學生王壽南在他去世後撰寫了《王雲五先生年譜初稿》，有關王雲五成名之前的資料，取自王雲五《自撰年譜》與《八十自述》者為數頗多，並補充了許多可靠的資料。由於王雲五1951年去了臺灣，兩岸交流阻隔，他在晚清時期23年的經歷已經沒有什麼親友可作憶述，因而

上述三種資料更顯得珍貴，也是筆者敘述其少年時代的重要資料依據。

1888 年 7 月 9 日（光緒十四年六月初一日），王雲五出生於上海租界。兒時用小名日祥，後來所取的正名是之瑞，派名鴻禎，別字雲五，號岫廬，後來還用過出岫、龍倦飛、龍一江等筆名。「雲五」之稱始自他 14 歲那年。其時，他在上海遇到一位師叔，是晚清的候補官員，這位師叔很喜歡他，臨別時提出給他取個別字，徵得同意後，師叔當即揮毫，寫下方寸大小的「王雲五」三字，並解釋取意於「日下現五色祥雲」，同小名日祥詞義相通。久而久之，雲五由別字成為正式稱呼，而日祥卻反而鮮為人知了。依照舊式傳記的講法，這就是「以字行」。

王雲五非但出生於上海，而且他前期的讀書生涯以及最輝煌的業績，多半也是在上海取得的，他還能說一口「正宗」的上海話，算得上是地地道道的上海人。但王雲五從不以上海人自居，向來稱自己是廣東人，這是因為近代上海是移民城市，各地來滬人士多以原籍自稱，祖祖輩輩在上海的人則被稱為「本地人」，略含土裏土氣之貶義，這同當代上海市民以「上海人」為榮，以「上海人」為洋氣的觀念不一樣。

王雲五原籍廣東省香山縣（孫中山也是香山縣人，1925 年孫中山逝世，香山縣易名中山縣，以示紀念），故里在香山縣四都的泮沙村，距縣城約 47 哩。其遠祖由河南省遷至福建省，至宋代自閩南遷往廣州府東莞縣香山鎮。宋高宗紹興二十二年（1152），香山鎮連同

鄰近數縣濱海地區建置為香山縣。縣治石岐，為王氏家族移粵一世祖所居之地，至七世祖始遷東鄉四字都之泮沙村[1]。這一支王姓家族世代務農，族中人科舉考試屢屢失敗，因而王氏沒有社會地位，屬於不入流品的寒族。因此，王雲五的家族史也沒有可以作為依據的族譜，而是代代傳述，只留下約略的概況。泮沙村內許、王二姓聚族而居。許姓科第得意，歷代多出士紳官宦，在地方上很有些勢力。王姓相形見絀，世代務農，直到晚清才有一人應試及格，入縣學為生員，即民間所稱的秀才，但是比起進士及第、當官入翰林，還有很大的差距。所以王雲五功成名就後，對自己能光宗耀祖是很引以為傲的。

王雲五的父親王光斌排行第四，童年時代在家鄉農村度過，14歲那年隨長親赴上海覓生計，由學徒而經商，勉強能承擔起養家糊口的責任。王雲五出生時，他的二伯、三伯已經故世，大姐、三哥不幸夭喪。他出生那一年，他的大哥日華9歲，二哥日輝5歲，二姐文鳳6歲，三姐（佚名）2歲。在王雲五之後，其母梁氏又生了兩個女孩，即四妹文杏、五妹文梅。王雲五用「家無傭僕」描寫那時生活的艱難情景，繁雜的家務由同樣出身寒門的梁氏一手操持，可見家境確實不寬裕。他的父親勉力從業，收入仍然有限，雖然家用十分節儉，但還是難以應付上海較高的生活費用，於是決定把家眷暫時遷回故鄉。

1891年，他的父親傾盡多年累積的餘資，托親戚在家鄉覓地建屋。3歲的王雲五就在這一年隨父親舉家遷回原籍，這也是他第一次見到故鄉。他父親安頓好家眷後，又返抵上海供職。王雲五這次鄉居

1　王壽南：《王雲五先生年譜初稿》（臺北市：臺灣商務印書館，1987年），頁33。

4 年，是他在故鄉度過的最長的一段日子。他的兩個哥哥在本村許秀才開設的私塾裏讀書。王雲五 6 歲時，他的大哥教他讀《三字經》、《千字文》，開始識字。王雲五個頭矮小（成年後略微超過 1.5 公尺），腦袋奇大，體質很弱，性格羞怯，不善於同陌生人交往，更不敢同他稱之為「野蠻的」孩子們玩遊戲，加上其母梁氏對子女管束甚嚴，所以他平日很少走出家門。兩位兄長去私塾讀書時，他更覺得孤獨無聊，偶而在家門口玩耍，有時受了頑童的欺侮，也不敢頂嘴論理，馬上跑回家裏避免麻煩。在《岫廬八十自述》中，王雲五對這 4 年鄉居生活寥寥數筆帶過。看來，那段童年生活對他的一生沒有起多大的影響。據他在自述中所發的感慨，這 4 年僅有的收穫是「鄉居空氣較佳，我的身體也漸強健」。

王雲五 7 歲那年，他的父親境況略有好轉，來信要全家去滬上團聚。於是，由大哥日華帶領，全家乘帆船到香港，然後搭乘輪船前往上海。王雲五一家租住上海五馬路（今廣東路）一樓一底的房屋。王雲五和父母、兩個姐姐合住在樓上。樓下隔成兩處：一部分作為客堂，是全家公共活動的地方，吃飯、會客、看書都在這裏；靠近樓梯的部分攔出一小間，作為他兩個兄長的臥室。從居住的地段和居住條件看，他家那時的經濟狀況在上海處於中等水準。

這一年中秋節，他的父親請了一位名叫林燦勳的教書先生，為王雲五「開文蒙」，也就是舉行開始讀書的啟蒙儀式。林先生教王雲五讀了一頁《三字經》，接著把住他的手，寫「上大人」起首的 3 節文字。啟蒙儀式對王雲五而言，僅僅是一種形式而已，因為《三字經》之類的啟蒙讀物，他在鄉居時早已由大哥教過了。按常例，開蒙後的

孩童要入啟蒙先生的私塾去讀書。但是，林先生的私塾離王家住宅較遠，進私塾又得交學費，再加上王雲五的大哥「好為人師」，指點王雲五識字讀書頗有章法，所以開蒙後的王雲五沒進私塾，仍然在大哥指導下讀古書。他的大哥那時在家自習四書五經，為回鄉應科考作準備，自由安排的時間較充裕，而且做王雲五的「家教」同他本人的復習並無衝突，起了溫故知新的作用，因而他也很樂意教這位渴望讀書的小弟弟。在大哥日華悉心指導下，王雲五從 8 歲起開始讀「四書」。中國傳統教育以儒家經典為主要教學內容，學童先學啟蒙讀物，流行最廣的啟蒙讀物有《三字經》、《百家姓》、《千字文》、《孝經》等，進而讀儒家經典四書五經，兼習史鑒、古文辭等，這是應付科舉考試所必須掌握的知識。這類教本注重儒家道德說教，內容千古不變，脫離近代社會實際，也不適合學童的心理。但是，王雲五還是學得有滋有味的，這是因為王雲五素來敬仰大哥，手足情深，大哥的講解細緻生動，有問必答，教學雙方親密無間，配合默契。而且，他大哥注意教學順序，先講較為淺近生動的部分，以引起王雲五的讀書興趣。私塾裏教書的慣例，先教「四書」，再講「五經」。教「四書」一般按《大學》、《中庸》、《論語》、《孟子》這一順序逐次進行。「五經」，通常指的是《詩經》、《尚書》、《周禮》、《周易》、《春秋》。「四書」是「五經」的基礎，「五經」是對「四書」的發揮，相對而言，「四書」的文字較為簡明流暢。因而，王雲五的大哥也是先教他讀「四書」，但先講淺顯易解的《孟子》，使王雲五開始讀經書時，沒有產生多數學童常有的枯燥乏味的感覺。王雲五很快就熟讀了《孟子》，而且思想也受到影響。王雲五成名後多次提到，少年時代讀《孟子》很受啟發，特別欣賞其中有關仁政、民本的思想觀念，認為

這同他萌發革命意識、民國初年棄學從政，是息息相關的。

然而，王雲五受教於大哥日華的時間並不久長。半年後，日華離開上海，回家鄉應童子試，居然一考就中，以未入冠之年而搏來了個「破天荒」，這在香山王氏家族看來，是「千年等一回」的大喜事。考上生員，便意味著躋身士紳之列，在地方上可以算是顯貴人物了，全家為之歡慶，宗族也由此生輝。沒想到樂極生悲，日華「高中」後不到 3 個月，還未來得及入縣學、成秀才，便患足疾夭逝於鄉下。腳腫而導致死亡，實在出於意外。從科學角度看，主要原因是鄉村醫療條件差，沒能及時對症下藥。但那時的人迷信，認為日華夭逝源於童子試的「破天荒」，王家風水不好，不該違天意突然冒出個顯貴人物。王雲五的父母也相信這種說法，認為尚存的兩個兒子不能再走應考科舉之途，不如學點實用的知識和本領，於是讓 15 歲的日輝改習商務，白天學生意，晚間讀英文，發展方向是從事商業。這時，王雲五才 10 歲，習商做學徒還為時過早，作為權宜之計，父母就把他送入私塾，本意是讓他多識些字，打好中文基礎，為今後轉習商務準備條件。

從在家讀書到進入私塾受教育，對少年王雲五的讀書生涯來說，是一個轉捩點。這所私塾就在王家貼鄰，往返便利，約有 20 名學生。教書的蕭先生很少講解課文，一味令學生背誦「四書」，背得不好便打手心。王雲五對這種刻板僵化的教學方法極為反感，好在他原先在家裏已經學過「四書」，又有超強的記憶力，一年多時間裏沒被打過一次手心。進私塾不久，王雲五便搖頭晃腦，把《大學》、《中

庸》等儒家經典背誦了一遍，居然一字不差，頗令蕭先生驚詫[2]。臨帖寫楷書、作對子，是蕭先生時常布置的另兩項作業。蕭先生對於作對子有特殊的興趣，要求學生從五言對到十餘言，直到對仗工整才滿意。在不知不覺中，王雲五學會了作對聯，寫古體詩。長大成人後，王雲五詩興一發，便寫詩填詞。他早年的詩詞作品大多已散失。他在晚年寫了很多詩作，狀物細緻，抒情真切，缺少的是意境與余味。這與他在這方面受過一些訓練但又不深的狀況是相符的。

儘管王雲五在少年兒童時代接受舊學是不自覺的、被動的，有時甚至是被迫的，以致時而產生痛苦莫名的感覺。然而，舊學的根底以「四書五經」為鋪墊，熟讀儒家經典，實際上為他以後事業有成打下了基礎。王雲五自認為一生中最值得驕傲的成就是成為傑出的出版家，其次則是當上大官。沒有深厚的舊學功底，在民國時期當然無法成為出版家；而他的當大官，既同出版家的聲望很有關係，又離不開所受傳統倫理道德的薰陶，用他自己的話來說，是「學而優則仕」和「商而憂則仕」的結果。可見，少兒時代浸泡在儒家經典中，對他以後的「發跡」是有潛在影響的。他成名後，津津樂道於苦學成材，有時還為自己的「富貴相」感到得意。據他自述，他 10 歲那年，他家隔壁樓上住著一位粵籍少婦「三少奶」，很喜歡他，「她曾隨星相家研究風鑒，看出我長大後定然能任大官、做大事，名留青史」[3]。他的所謂「富貴相」，便是五短身材，圓頭大腦。王雲五成名後，研究他長相的「趕時髦」文章還真不少呢！

2　王雲五：《岫廬八十自述》（臺北市：臺灣商務印書館，1967 年），頁 10。
3　王雲五：《岫廬自撰年譜稿》（以下簡稱《自撰年譜》），見王壽南：《王雲五先生年譜初稿》，頁 18。

王雲五主動接受新知識，也始於這一階段。他常去離家不遠的青年會，該會幹事吳朗軒欣賞他的好問好學，網開一面，特許他看《萬國公報》和會內藏書。後來，王雲五又去四馬路（今福州路）的廣智書局，第一次買書，購得《日本明治維新史》，讀後感到很有趣味，他後來回顧道：「從此時起，我是一面在私塾讀書，一面自修經世之學。4」他開始在課餘廣泛涉獵新學，增長了見識。貫穿他一生的讀書自學習慣也由此養成，使他後來從中獲益匪淺。

　　局勢動盪，家境變幻，這兩重因素使王雲五青少年時期的學業時續時斷。1900 年，聲勢浩大的義和團運動震撼北部中國。當時上海有些人把這場運動看作排外的愚民暴動，擔心江南地區也將受到衝擊。王雲五的父親也持這種觀點，他認為，上海是華洋雜處之地，一旦染上排外風潮，很有可能殃及像他這樣同洋商有業務聯繫的華商，於是趕緊安排家眷返回家鄉。這一年春末初夏，王雲五第二次回到家鄉洋沙村。王家回鄉是為了避「拳亂」，未作長期居住的打算，王雲五因此沒有被送進當地私塾，就讀於私塾的學習生涯一度中止。但是這次回鄉對他還是有所裨益的。每逢五天一次的墟市，他便跟隨住在隔壁的堂房伯父去南　墟選購些日用品。購物需要計算價錢，盡可能在預算範圍內買到價廉物美的商品，他便向這位堂房伯父學心算和珠算，很快掌握了要領，他自述道：「由此一生養成計算的習慣，無論做任何事，須要計算其利害得失，究竟利與害孰多，借為判斷的標準。這不能不歸功於此一時期的意外收穫。5」王雲五後來的經歷證明了他的自述，無論經營出版，還是他自謂的「客串」政治，他都善

4　王雲五：《岫廬自撰年譜稿》，見王壽南：《王雲五先生年譜初稿》，頁 27。
5　王雲五：《岫廬八十自述》，頁 11。

於捕捉時機，反覆權衡利害得失。精打細算，思前顧後，確實是他為人處世的一種特色。另一件他樂於時常提起的少年趣事是有決心戒煙。那時，村裏同齡農家少年大多幫家裏幹些農副業零活，空閒時喜歡湊在一起吸煙。他們把煙葉切碎，用薄紙卷成香煙狀，吞雲吐霧，從中取樂。王雲五為了合群交友，經不住誘惑，也嘗試吸過這種自制的捲煙，被一位做塾師的叔祖撞見。這位叔祖知道他聰穎好學，對他寄予厚望，好言相勸道：「不要染上這壞習慣，吸煙不僅花錢，還要閉塞你的聰明。」王雲五滿臉羞紅，表示一定牢記教誨，不再吸煙。從此以後，他再也沒有抽過香煙。這件小事反映出，少年王雲五從善向上，有羞惡之心，自制力也很強。

王雲五鄉居近一年，時局又變了。八國聯軍侵佔北京，清政府屈辱求和，天下復歸於「太平」了。1901 年春，王雲五一家又來到上海。13 歲的王雲五到李姓塾師的私塾裏受業。李先生平易近人，循循善誘，王雲五對他懷有好感，讀書不覺得苦累。李先生指導他讀《史記菁華錄》、《古文評注》、《孟子》、《左傳》、《唐詩三百首》、《曾文正公家書》、《閱微草堂筆記》、《三國演義》。前 4 種書精讀，後 4 種書略讀。所謂略讀，就是讓王雲五自己看書，有疑問便提出探討。作文課上，王雲五喜歡作議論文章。他的作文以思辨見長，雖然缺乏創見，還是經常得到李先生的表揚和鼓勵，這使他有了自信，每逢作文課總想寫出些新花樣。這所私塾設在虹口青雲堂，許多廣東旅滬人士聚居在附近的里弄。旅居滬上的粵人大多經商，廣東幫在上海商界頗具實力，地位僅次於寧波幫，知書達理的人物也不少，於是組織起若干廣幫文社，增添些風雅情趣。青雲堂一帶的廣幫文社時常掛出上

聯，徵求下聯佳作，賞給優勝者獎品。有一次，該文社掛出的上聯為「菊放最宜邀友賞」，詞意平直無奇，若以平庸對平庸就十分乏味了。在李先生鼓勵下，王雲五苦思幾天，想出妙句，以「蘇來奚後慰民思」作下聯，取意《孟子》中的「後來其蘇」與「奚為我後」。「蘇」的原意有草蘇之意，對上聯中的「菊」字，工整得體，卻又於工中求變，引申出聖賢大義。這副下聯一舉奪魁，獎品是一套袍褂料子。這則小故事反映出少年王雲五悟性很高，對古籍經典和詩詞已有相當的理解力。直到晚年，他還堅信，如果父母不違其意，他是可以科場獲捷，步步高升，由秀才而舉人、進士的。

上班偷看圖書，被老闆解雇。白天替父親幹活，夜間拼命讀書。從半工半讀到輟學自修，求學生涯一波三折。

1902 年，王雲五 14 歲那年，他的讀書生涯發生了重大變化。他父親認為，自己從 14 歲開始做學徒從商，經累年奮鬥，到青壯年時日子還算過得不錯，這條謀生之道也適合於王雲五，何況王雲五的國文程度應付商務已經不成問題，何必再讀之乎者也，枉費時間和精力。父命難違，王雲五很不情願地到一家五金店去當學徒，白天見習實業，晚上去夜校讀英文，開始了半工半讀的生涯。金榜題名的美夢破滅了。對此，王雲五一直到晚年還耿耿於懷，認為父親堵塞了他讀書進取的「正道」。其實，他父親決意不讓他繼續私塾學業，很可能是受時代環境變遷的影響而做出的選擇，客觀上成全了王雲五的成材。王雲五對乃翁的「遠見卓識」似乎並不理解。於此，有必要將清末的教育改革情況略作交代。

簽訂了屈辱的《辛丑合約》之後，清廷意欲變革圖強，逐步推行「新政」，其措施之一便是改革教育。1901 年起付諸實施，清政府在半年之內頒佈了一系列教育改革法令，其要旨為：第一，重開京師大學堂；第二，省會書院改為新式大學堂，府州縣書院在半年內改為中學堂，一般州縣學改為小學堂並設蒙養學堂；第三，改革科舉考試，加入時事政治、中外歷史地理等學科內容。1903 年 3 月 11 日，張之洞、袁世凱聯名上奏，建議遞減科舉名額，過渡到廢除科舉考試：「是科舉一日不廢，即學校一日不能大興，將使士子永遠無實在之學問，國家永遠無救時之人才，中國永遠不能進於富強，即永遠不能爭衡於各國。[6]」1905 年，清廷正式宣佈停止科舉考試。20 世紀初清政府推行教改措施之際，在得西學風氣之先的上海，私塾處於被淘汰的境地。在此之前，上海已經辦起了不少教會學校和近代書院，學生大多來自意識開放或條件優裕的家庭。由於王雲五的家境一般，他的父親作為商人又希望子承父業，這就決定了王雲五未能及時利用上海得天獨厚的開放環境，盡早接受近代西式教育。然而，他的父親讓他先讀幾年私塾，又「逼迫」他半工半讀，卻與王雲五的成材之道是暗合的。在近代中國社會嬗變過程中，囿於舊學固然難以有所作為，但不熟讀儒家經典同樣稱不上才識之士，唯有兼通中、西學才被視為有用的人才。自從王雲五開始半工半讀生涯，學習內容便以西學為主，逐步改善了他的知識結構，使之適應於社會的轉型。

然而，半工半讀的方式不適於求知若渴的王雲五。儘管他會打算盤，幹事也勤快，但太愛讀書了，以致老闆十分惱火。王雲五時常在

6　張之洞、袁世凱奏請遞減科舉折，見《中國近代學制史料》第二輯上冊，頁 104-105。

店堂裏看書，有時一卷掩面，入迷走神，忘記了照應顧客。被王雲五砸了幾回生意後，老闆「忍痛割愛」，炒了他魷魚。眼看王雲五學生意成不了氣候，乃翁只能暫且將他留在身邊，幫著幹些雜務，夜校還是讓他去讀。他還不理解，眼前這個小不點兒的兒子，根本不想走從學徒到老闆這樣一條平庸的人生道路。王雲五後來常常談到命運，但又認為人的主觀努力是可以改變命運的。厄運，在他看來是「天將降大任於斯人也」的一種考驗，只要不懈努力，便能改變厄運，「峰迴路轉，別入新境」。在《岫廬八十自述》前言中，王雲五不無得意地評論自己少年時代與命運抗爭的不屈精神：

幸而從小借苦鬥而養成之習慣，對任何挫折，悉視命運予我之試驗，而以解決難題為無上之自我報酬。職是之故，任何逆境不足以陷我於消極，轉因「聽之於天」、「求其在我」之兩種觀念，往往峰迴路轉，別入新境。

峰迴路轉入新境，對於剛剛進入青少年時期的王雲五來說，就是有幸到夜校去進修英文，接受新知識。上海商界有辦學的好傳統，教學內容注重於實用，有文化補習、財會金融、商務貿易等，學生大多是商界從業人員，利用空閒提高文化，進修業務。王雲五進修英文的那所夜校，設在南京路附近一家酒店的樓上，教室很大，可容納百餘人聽課。學生程度參差不齊，年齡差別也很懸殊，有十三四歲的少年，也有五十開外的老年人。教師姓吳，也是香山縣人，他既當校長又兼任唯一的教員，白天在英國人辦的律師事務所做翻譯，晚間來這裏講課。學生按英文程度分批聽課，坐在前排的是正在聽課的學生，其它學生坐在後排自習。王雲五利用混班分批講課的特點，抓緊機會

多學一點，在吳先生講授程度較高的英文時，他坐在後排照樣聽講，加上天資聰慧，課餘用功自習，他很快被獲准跳級升班。王雲五在這所夜校攻讀了7個月英文，學習上沒有遇到多少困難，這使他對學好英文充滿了信心。後來，精通英文成為他的一項特長。

在這所英文夜校讀書期間，一件意外的事故使王雲五接受了深刻的教訓，從中可以看出他那時候樸實坦誠，有羞惡之心。一天下課後，兩位成年同學邀請王雲五外出吃點心，王雲五欣然答應，走到一個很熱鬧的弄堂裏，被他倆前拉後推，擁入一家書寓（中高檔妓院）。面對妖豔的妓女，王雲五窘迫得不知所措。那兩位同學一面與妓女肆意調情，一面取笑他：「我們把你帶到書寓來，好讓你揀心愛的書讀一讀。」礙於情面，王雲五沒有馬上告辭，同他們一起吃了夜宵才離開書寓。回家途中他編造了一通謊話，一進家門就向父母解釋深夜回家的原因：因尿急在僻靜處小便，被巡捕撞上，帶到捕房，受訓思過，最後交了罰款才獲釋。這是他第一次欺騙父母，心裏很不安，一夜自責，難以入眠。第二天一早，他主動向父母陳述誤入妓院的經過，承認自己撒謊是錯上加錯。王雲五的父母沒有責備他，還為他主動坦白交代感到高興。從此以後，王雲五再也沒有欺騙過父母。當天晚間，王雲五向愚弄他的同學說明自己的悔改之意，並勸他們不要玩物喪志，要用功讀書。他們很受感動，同王雲五作了推心置腹的深談，讚揚他聰明好學，鼓勵他到教學品質好一些的學校去讀書。其中一位同學建議王雲五最好進日校，以便全力以赴地讀書，還預言他將來一定會有出息的。王雲五回顧道：「我後來擺脫夜校，改入日校，也多少受了他的鼓勵，一有機會便對父親提及要改入日校讀

書。[7]」

這一年（1902）秋天，王雲五第三次回鄉。二姐文鳳要回廣東嫁人，王雲五奉父命「護送」母親和二姐返回故里。這一走，對王雲五來說意味著再一次輟學，不能再去那所英文夜校了。僻居泮沙村的鄉親父老們消息閉塞，不知道科舉考試已經接近尾聲，紛紛懇勸他不要學外國文字，抓緊復習應付科考的書籍，爭取金榜題名，讓村上姓王的人家分沾些榮耀。王雲五給鄉親長輩講上海的見聞，表明自己決心學好英語、接受新式教育的志向。二姐夫梁燊恒（字仲喬）在一旁聽得動了心，也想去上海讀書，增長見識。1903 年春初，王雲五偕二姐夫仲喬返回上海。他的二姐夫住在王雲五家裏，為進日校讀書做準備。王雲五抓住天賜良機，要求與二姐夫一起去讀日校，經過軟磨死纏，終於說服了父親。於是，他倆一起進了設在虹口的守真書館。這是一所美國人辦的英文專科學校，以講授英文為主，兼及普通中等學堂的其它基礎課程。守真書館的課程分為 8 級，4~8 級課程程度較淺，由留美歸國的王培元醫師講授，3~1 級的高級課程由一名美國牧師太太及其女兒擔任。王雲五學過 7 個月英文，插入 6 級班，開始接受內容較為廣泛的西式教育。守真書館的學制靈活，每個月考試一次，准許成績優秀的學生提前升級。王雲五連連提前升級，從 3 月份讀到年終大考之後，已獲准升入 2 級班。2 級班的英文主課使用美國波爾文讀本第 7 冊，世界歷史和世界地理也使用英文課本，這有助於提高學生的英文閱讀理解能力。代數和幾何也列入必修課程，有一定深度。守真書館的教學內容包含許多新的知識，王雲五在這一階段的

7　王雲五：《岫廬八十自述》，頁 24。

讀書生涯堪稱「完美」，暫時擺脫了幹雜活的干擾。他盡力奮發苦讀，平時堅持夜間自修，暑期則集中精力攻克代數、幾何難題，由此培養起研究學問的興趣，用他的話來說，這時他「不僅希望能夠一步步深入，還想探訪鄰近的蘊藏」。

被王雲五稱之為「黃金時代」的守真書館讀書生涯僅僅維持了一年，學業又遭挫折，原因是乃翁需要他做幫手。王雲五的父親那時處境較好，在一家洋行擔任倉庫管理主任。他對一般的業務駕輕就熟，但無法勝任與外國人書信往來等事宜，英文信件的譯寫原先由二兒子日輝助理解決，後來日輝在另一家洋行覓得華經理的職務，無暇分身相助。華經理就是買辦，收入豐厚，為當時上海商界人士所看重。王雲五的父親權衡利弊，認為他本人和日輝的工作都很重要，決不能放棄，唯一可以做出犧牲的便是王雲五的學業了。16 歲的王雲五被迫服從父親的決定，白天協助父親處理商務，晚間加緊自習，但想到就此失去了上學校讀書的機會，心中很不是滋味。

在鬱鬱寡歡中度過了半年之後，王雲五實在忍不住在校讀書的誘惑，靦顏懇請二姐夫仲喬鼎力相助，提出由仲喬代替他放棄學業，協助其父工作。梁仲喬通情達理，答應暫時放棄自己的學業，使王雲五得以幸運地脫身，重新回到課堂裏去。從處理親戚關係角度看，王雲五堅請二姐夫放棄學業以自代，是有違傳統道義的。但是，縱觀王雲五一生，他還是很講究傳統道德、很重視親友情義的。他那時求學心切，才出此下策，也有可讓人理解同情之處。再說，如若沒有當年這一「不仗義」之舉，學業功虧一簣，或許也就沒有以後苦學成才、雄冠國內的出版家王雲五了。

同文館幸識布茂林，通覽《大英百科全書》，選讀中國史籍名著。任教益智書室，躋身高薪階層。振群學社當社長，游蘇州偶發詩興抒豪情。

　　1904 年暑假後，16 歲的王雲五進入一家同文館修業，並在經濟上設法自食其力。在上海商界從業人員看來，16 歲的青少年已經算是長大成人了，不應該再由父母操心衣食。王雲五不好意思再讓父親供養他讀書，於是聯繫到一家英文夜校當助教，以每月 20 餘元的收入自謀生計。半教半讀同過去半工半讀的生活順序正好顛倒，過去是白天工作、夜晚讀書，現在則變為夜晚教書、白天讀書了。他就讀的同文館是英國教師布茂林（Charles Budd）開辦的。布茂林曾在北京同文館任教，來滬後自己開辦學校，沿用了同文館的名稱。這所學校首重英文教學，兼及史地和其它科普課程。布茂林學識淵博，對教學頗為自信，他對學生說，同文館的課程設置以英國高品質中學的標準為參照，優秀的畢業生可望考上牛津大學或劍橋大學。這所同文館學制分為 5 級。王雲五入校時被列為 2 級生，3 個月後即升入 1 級班，引起了布茂林的注意。第二年春季開學，布茂林聘王雲五為教生，每月給津貼 24 元，還讓他享受免交學費的待遇。王雲五在同文館承擔 3 級以下的部分教學任務，每星期工作 6 天。為保證夜晚有時間看書進修，他辭去了英文夜校助教的職務。王雲五認為，受到布茂林先生的賞識是極為幸運的，在同文館最大的收穫是獲准使用布茂林先生的六七百冊私人藏書。布茂林的藏書大多是英文名著，涉及多種學科領域，王雲五如饑似渴地閱讀這些寶貴的書籍，豐富知識的同時，養成了快讀和夜讀的習慣。他在後來的回憶中說：

我常在他的書室裏盤桓，把每一本書都翻閱一下。得了他的同意，每隔幾日必借一本書回家閱讀，又為著怕他自己要用，所以借出的書都不敢耽擱過久，逐漸養成一種趕快讀書的習慣[8]。

夜以繼日，有時還開夜車，讀到十一二時方睡，而其中一部分的讀書時間卻是躺在床上，漸漸地養成上床後不讀書不能入睡的習慣[9]。

在這一年裏，王雲五博覽英文名著，幾乎到了饑不擇食的地步。他讀的書包括馬萊氏的《英國史》、亞當·斯密的《國富論》、斯賓塞爾的《社會學原理》和《教育論》、載震氏的《英憲精神》、孟德斯鳩的《法意》、盧梭的《社會契約論》、達爾文的《物種起源》、誒克曼的《哲學》、柏拉圖的《對話》、休謨的《法國革命史》、培根的論文集、弗蘭克令的自傳、布恩的《天國歷程》以及《天方夜譚》。這些書籍的知識領域涉及歷史、經濟、法學、社會學、哲學、教育學、生物學等。這一段廣泛閱讀英文名著的經歷，使他的英文閱讀能力迅速提高，也打下了西學的基礎，更為重要的是，使他樹立起了很強的自信心：天下沒有讀不通的書，沒有克服不了的困難。這份自信，使他以後幾乎敢於闖入任何知識領域，敢於迎難而上，承接任何他認為能體現自身價值的工作。在漫長的個人奮鬥道路上，有成功，也有失敗，即使有幾次失敗得極其狼狽，他也從不認為自己能力有限，而是退而讀書，等待新的時機來臨，準備再作拼搏。

不過，王雲五雖然讀書的面極廣，卻從未對文學作品產生過濃厚

8　王雲五：《我的圖書館生活》，見《談往事》（臺北市：傳記文學雜誌社，1964 年）。
9　王雲五：《岫廬八十自述》，頁 31。

的興趣。他曾強迫自己閱讀英國文學名著，但總激發不起激情和文學的靈感。對此，他也感到無可奈何，後來回憶起來甚至還夾帶著些許失落感：

特別是對於莎士比亞的戲劇和密爾頓等的詩，雖然布先生很勸我一讀，我總覺得不如其它之有興趣，勉強一讀，也就放下。這或許是我不能成為文學家的原因之一[10]。

王雲五生性坦率，從不諱言自己的能力與優長之處，唯獨談到文學，才會自謙自責幾句。其實他的文字功夫還是很不錯的，以老練見長，敘事、議論均注意措辭得當，前後照應，堪稱嚴密，適合於寫思辨性的論理文章。如果說文學色彩便是多愁善感，文采飛揚，那麼王雲五的確少了點文學的基因。但話還得說回來，癡迷於文學的人，其文筆多半是文勝於質，更有甚者，習慣於用華麗的表象遮掩內涵的平庸。能把文章寫到「文質彬彬」境界的人，畢竟只是鳳毛麟角。王雲五的文章風格，可以用「質勝於文」4個字來形容。

在閱讀英國人寫的中國史時，王雲五因缺乏必要的歷史知識而遇到了困難。儘管他在少年時代攻讀過先秦時期的儒家經典，但沒有看過通史類的中國歷史著作，由此感到自己的「國學底子反不如英文」，於是下決心讀些中國的史書。從讀不通英文版中國史書中得到啟發，回過頭來讀中國歷史名著，這種顛倒過來的讀史順序成為王雲五讀書生涯的趣話之一。唯有「胡亂」看書的他，才會創造出如此顛三倒四的讀書奇觀。

10　王雲五：《我的圖書館生活》，見《談往事》。

他原來打算讀史學名著《史記》，但苦於對通史很不熟悉，讀了好幾天還是理不出個頭緒來，於是改讀日本學者撰寫的《支那通史》漢譯本，這才初步在頭腦裏搭起了中國歷史的框架。有了這麼點基礎，再讀《通鑑紀事本末》，體驗到讀中國史書的樂趣，進而通讀《史記》，接著有所選擇地閱讀「二十四史」，從而廣泛涉獵中國史籍。由於他讀書沒有專題研究的目的，也沒有受過學校正規而有系統的訓練，博雜而不精專的特點越來越明顯，用他自己的話來說，便是「讀書的興趣日濃，也就對於專攻一門的途徑愈離愈遠[11]」。對於博而不精，王雲五其實並不十分介意，可以說是三分遺憾，七分得意，因為他後來事業有成，靠的是知識的廣博，而不是對某一門學問的精專。

讀書入迷的人，往往熱衷於購買圖書、收藏圖書。王雲五在上海同文館當教生期間，把每月津貼的一半交給母親，另一半大多用於買書。有一次他看到書店裏擺著 30 厚冊的《大英百科全書》，忍不住書癖大發，決定採用每月支付幾元的方式，分期買下這部價值數百元的巨著。此後，他花了整整 3 年時間「啃」完了這部書，成為他一生中最有傳奇色彩的讀書佳話。為了掙更多的錢買書，他嘗試將譯文投稿，最早發表的譯文是法國文豪雨果的小說《可憐的人》節略本，刊登在上海的《南方日報》上。此後，該報社同他約定每 10 天刊出「世間珍聞」譯文 1000 字，月酬 60 元，這種「契約關係」維持了兩年多。他在《南方日報》上刊出的譯文均署筆名「出岫」，典出晉代大詩人陶淵明《歸去來辭》中的「雲無心以出岫」，既與字「雲五」相

11　王雲五：《岫廬八十自述》，頁32。

應，又以「無心」之作自謙。後來他常用的別號「岫廬」，即由此化出。

1905 年 10 月，王雲五又交上了好運，去益智書室任教。這是因為主持益智書室的梁先生被英國駐滬領事館聘為秘書，急於招聘人員替代他在益智書室的教職。由於梁先生開出高價，應聘者眾多，王雲五以精通英文見長，經過面試被錄用。益智書室是一所英文專科學校，梁先生只聘用一名教員，基本月薪 200 元，並允以如果學生數增多則酌情加給獎金。儘管同文館布茂林先生很器重王雲五，但王雲五考慮到同文館月津貼僅 24 元，與益智書室的月薪相差甚遠，遂決定棄舊迎新，到益智書室供職。面臨職業選擇，年輕的王雲五往往「重利輕義」，首先考慮薪金多少，這屬於人之常情，當然是可以理解的。但王雲五絕不是財迷，也不是書呆子，一旦有機會施展個人抱負，他往往視金錢如泥土。他後來數度從政附政，都決然放棄了原有的高薪職務，這方面的例子在他的生涯中並不罕見。

作為益智書室的唯一一名教師，王雲五有權對教務作些改革。他選用兩名優秀生擔任教生，各給月津貼 15 元，要求他們完成教書任務之外再批改作業。而他自己在同文館做教生時，月津貼 24 元，沒有批改作業的額外工作。低價聘用教生，體現了王雲五為人處事精明的一面，但他還有待人隨和體貼的另一面，使兩個擔任教生的「苦力」對他懷有感激之情，盡心竭力做好工作。使用教生的精細周到，初步顯露出王雲五的經營才華，此後，凡是王雲五有機會負責一方工作，無不精打細算，做到物盡其用、人盡其才，直到他經營商務印書館，無論境況順逆，總能調動積極因素，以最小的代價獲取最大的利

益。由於王雲五知識面寬廣，又注意教學內容和教學方法的改革，在益智書室很受學生們的歡迎。後來，臺灣「《中央日報》」曾刊登長篇連載文章《王雲五的故事》，以紀念王雲五，資料大多來自對他的採訪，王雲五向記者介紹了他在益智書室搞教改的舉措：用圖解分析法講解英文語法；幾何、代數的教學注重因材施教，對程度較高的學生給予重點輔導；選用大量補充讀物，內容包括各學科的普及讀物和世界歷史、世界地理；課堂教學採用啟發式，鼓勵學生提問，組織討論等。實施多種教改措施後，學生讀書的興趣大為增加，學習成績也大幅度提高。若干名學生考入了高等專科程度的路礦學校，或被郵政部門錄用而捧上了「金飯碗」。益智書室由此名氣大振，學生數也隨之增多，王雲五的月薪增加到 280 餘元，加上稿費，月收入約 350 元，在那時候可以算得上「高薪階層」中的一員了。王雲五除了偶而同好友吃點心聊天，沒有任何娛樂性的消費支出。他每月至少花七八十元錢買書。每逢星期三、六教書之餘，他常去逛書市，往返於福州路的中文書店和北京路的外文舊書店。舊的外文書籍很便宜，大多是歐美人回國前廉價拍賣的，書店往往以原價的十分之一出售。王雲五的私人藏書迅速增多，數量超過 1000 冊，大部分是英文著作。

王雲五 18 歲那年，利用益智書室教書餘暇，約集同鄉好友和同文館老同學共 20 餘人，組織起振群學社。王雲五熱心社務，不久當上了社長。振群學社租了一樓一底的房屋作為聚會場所，還辦起了圖書館，書籍由各社員自願捐出。社員們每周數次在晚間相聚，討論社會問題和國家形勢，有時則無所顧忌地談天說地。振群學社的活動，激發起了王雲五對社會政治問題的興趣。可惜的是，王雲五青年時代

的日記遺失殆盡，他晚年撰寫《八十自述》時對這一段歷史已記憶不清，振群學社對他的具體影響已大多無從考察。但他保留了一張照片，是他與社員們遊歷蘇州園林時拍攝的，照片上的王雲五獨自站在石柱上，照片背面留下他寫的一首七絕：

風雲擾擾亞洲時，大廈教誰一木支。
努力中原他日事，巍峨天半鑄男兒。

詩意直露，筆無藏鋒，頗有壯懷激烈的情感。寫這首詩的時代背景，是晚清政治腐敗，社會動盪不寧，那時許多青年書生受同盟會「革命排滿」宣傳的影響，同情或支持反清革命。「努力中原他日事」，反映出王雲五已經具有朦朧的匡世濟時的抱負。至於王雲五寫這首詩的即景情懷是如何產生的，由於缺乏必要的資料，難以判斷。但有一點是可以肯定的，在 1911 年年底幸識孫中山以前，王雲五雖然同情反清革命，但還沒有認真思考過要放下書本，投身革命運動或從事政治活動。振群學社還辦了一所夜校，王雲五在振群夜校中教授英文。有一位姓周的留日歸國學生常來振群學社補習英文，認為王雲五知識廣博，英文教學有特色，後來推薦他到中國新公學任教。中國新公學人才濟濟，社會聲譽良好。王雲五來到中國新公學，面前展開了一片新的天地。

在新、老公學交結一批摯友，幫助胡適走出頹唐。出洋留學美夢破滅，退而博覽雜讀，自嘲為「四不像」學者。

1908 年 10 月，王雲五受聘到中國新公學任教[12]，在那裏他結交

12　《王雲五先生年譜初稿》將王雲五受聘於中國新公學的時間列為 1906 年 10 月是不正確的，其所依據的

了一批重要的朋友，其中有些摯友後來成為名人，長期同他交往，多次給他提供機會，使他連連交上好運。鑒於王雲五的一生大大受益於在中國新公學的經歷，於此先把這所學校的來歷作一番交代。

中國新公學是留日歸國學生創辦的中國公學分裂的產物。20世紀初，留日中國學生抗議日本文部省頒佈歧視性的「取締規則」，部分人憤而歸國，在上海辦了一所新式學校，取名中國公學，於1906年春開始上課。由於倉促辦學，經費一時沒有著落，學校財政很快陷入困境。該校幹事姚洪業為了激勵國人資助這一愛國教育事業，投江自盡。他的遺書發表後，引起社會震動，捐款者增多，學校經費有了基礎[13]。那時的留日歸國學生普遍懷有強烈的民族主義情感，政治上有革命傾向。中國公學的學生中不乏思想激進、志向遠大的青年人，教員中也有不少革命黨人和社會名流，如于右任、馬君武、沈翔雲等都是有點名氣的革命黨人，宋氏三姐妹的父親宋耀如也在這所學校裏任過教。中國公學的分裂，起因於校董事會與激進學生之間的矛盾衝突。校董事會由參加捐助的若干社會名流組成，正副會長由張謇、熊希齡分別擔任，鄭孝胥、陳三立、楊伯鈞等也名列董事。1908年夏秋之交，中國公學實施董事會監督制，董事會對具有民主自治精神的校章作了重大修改，由此引發學生抗議，雙方都不願讓步。10月3日，校方宣佈將罷課學生除名，導致公學分裂。

胡適是這場學潮的帶頭人之一，他後來對學潮追述道：「到了風潮正激烈的時期，我被舉為大會書記之一，許多記錄和宣言都是我做

《岫廬八十自述》頁36-37的敘述也是錯誤的。王雲五到中國公學任教的起始時間是在1908年10月，詳情見下文。

13　耿雲志：《胡適研究論稿》（成都市：四川人民出版社，1985年），頁323。

的，雖然不在被開除之列，也在退學之中。」公學分裂的那一天，受處分的學生來到愛爾近路（今安慶路）慶祥裏新租的校舍中，抓緊籌辦新公學，10 天之內就正式開學了。在籌備過程中，因為缺乏英文教員，聘請了王雲五任教。王雲五對公學的矛盾衝突毫無興趣，而是被中國新公學的優裕條件所吸引：月薪 250 元、每周教書 18 小時。王雲五將新公學待遇同益智書室作了一番比較，月薪大致相同，但他在益智書室的課時多達 30 小時以上，需要每周六天全天工作，而新公學答應他每周 18 課時，每周花 6 個半天就能完成教學工作，這樣就可以有更多的時間用於自修。而且，新公學的名聲地位都大大高於益智書室，師生見多識廣，這種環境有利於他開闊視野，擴大社交圈。王雲五遂決意不戀舊棧，向待他不薄的益智書室校主提出辭職，答應辭職後暫時在該校兼部分課程，直到教務有人替代為止。王雲五認為，「跳槽」到中國新公學是很為明智的抉擇，「假如我堅守益智書室的位置，一輩子恐無進展，何如轉移陣地，可能開闢新的途徑呢[14]」。這一決策，對王雲五的一生關係太重要了，無意之中，為他以後從政、投身出版事業建立了良好的社會關係，為時來運轉埋下了伏筆。

10 月中旬，王雲五去中國新公學教書，對外用「之瑞」作為名字，含有「日下現五色祥雲之瑞」的意思，與別字「雲五」照應。開始時，王雲五在新公學不負人望。他教英文文法和修辭學，與任教英國文學的留美前輩宋耀如相比，資歷要淺得多，氣質上也略微遜色。王雲五五短身材，服飾樸素，還留著一條髮辮，顯得土氣、守舊。那

14　王雲五：《岫廬八十自述》，頁 36。

時新公學是新進青年集聚之地，學生大多已剪掉髮辮，服飾也崇尚歐美式樣，不怎麼瞧得起土頭土腦的王雲五。第一周講課，質疑發難的學生頗多，想考考這位土秀才般的英語教師，沒想到王雲五居然滔滔雄辯，逐一答疑解惑。經過幾番「較量」，王雲五終於用自己的學識和口才取得了學生的信任。

新公學的學生中後來出了若干名人，與王雲五保持了久長的交往，其中對他以後事業影響最大的是胡適和朱經農。那時，中國新公學從第一級學生中挑選出幾名優秀生兼任初級教學。一級生朱經農被選中教日文，併兼教務幹事，與王雲五交往頻繁，關係融洽。後來新、舊公學合併後仍用中國公學的名稱，王雲五與朱經農同時轉到合併後的中國公學任教，朱經農教算學，還擔任部分行政工作，王雲五仍然教英文。1912 年民國政府成立伊始，王雲五與朱經農同時輟教，去南京臨時政府供職，朱經農協助宋教仁，王雲五先後在臨時大總統府和教育部任職。民國政府遷往北京，王、朱兩人分別在教育部、農林部工作。此後，王雲五在北京獲得的多次機會，都離不開朱經農的推薦。20 年代王雲五回上海擔任商務印書館編譯所所長，曾聘請朱經農擔任骨幹編輯。1946 年王雲五出任民國政府經濟部長，把商務印書館總經理的職務讓給朱經農。王、朱兩人相互提攜，相得益彰。新中國成立前夕，朱經農赴美定居，不久王雲五南下香港，又轉赴臺灣，兩人仍保持通信往來，直至朱經農病故。

胡適也是新公學第一級學生，受聘兼教初級英文，與英文教師王雲五的關係很好。胡適後來在《四十自述》中回憶道：

我在中國公學兩年，受姚康侯和王雲五兩先生的影響很大，他們都最注重文法上的分析，所以那時候我雖不大能說英國話，卻喜歡分析文法的結構，尤其喜歡拿中國文法來做比較。現在做了英文教師，我更不能不把字字句句的文法弄得清楚。所以這一年中，我雖沒有多讀英國文學書，卻在文法方面得著很多的練習。

胡適在這段記敘中，沒有對中國公學作新、老之分。實際情況是姚康侯在中國公學教過書，但公學分裂後他沒有轉到新公學。王雲五則在新公學開辦時才去任教。姚、王兩人教胡適英文是有先後之分的。中國新公學維持了一年零一個月，在此期間，王雲五與胡適都在新公學，是胡適「受業於」王雲五的階段。

王雲五原先頗為中國新公學的名氣與待遇所吸引。但是，新公學從開始起處境就很困難，各種費用都無法兌現，支撐得十分艱苦。胡適在《四十自述》中描述道：「經費實在太窮，教員只能拿到一部分的薪俸，幹事處常常受收房捐和收巡捕捐的人的惡氣；往往學校不能付房捐與巡捕捐，同學們大家湊出錢來，借給幹事處。」自從中國公學分裂後，老公學的日子也不好過，主要問題是生源不足，人心動搖。新、老公學對峙一年多，雙方都很不方便，於是雙方董事會都有意合併，結果達成如下協定：老公學接受所有新公學學生，認可新公學學生已有各科成績，並為新公學清償虧欠債務。

1909 年 11 月 13 日，新公學與老公學合併，實質上是老公學吞併了經費支絀的新公學。王雲五隨校合併，到中國公學設在吳淞的新校區任教。曾在公學學潮充當過主要角色的胡適，由於不願屈就於老

公學，很快便陷入失業的窘境，情緒極為惡劣，一度自暴自棄。胡適在 1910 年 1 月 24 日的日記中寫道：「余自十月一日新中國公學淪亡以來，心緒灰冷，百無聊賴，凡諸前此所鄙夷不屑為之事，皆一一為之。」在《四十自述》中，胡適坦率地承認，這一階段他跟著「一班浪漫的朋友」胡混，結果「墮落了」。兩度把他從「墮落」中救出來的人，正是其恩師王雲五。

在胡適窮愁頹廢之際，王雲五介紹他去上海工部局辦的一所華童公學教書。華童公學總教習李懷霜也是振群學社社員，請王雲五推薦兼通中英文的國文教師，王雲五毫不猶豫地大力推薦胡適。胡適得到這一職務後深受感動，於 2 月 12 日拜訪王雲五，面致謝意。他在日記中寫道：「蓋雲五為余薦至華童公學教授國文，事成始見告，其意至可感念也。」但是，這份差事胡適沒幹多久就砸了。3 月 22 日夜間，胡適在妓院喝醉酒，歸途中與巡警互毆，被帶進捕房關了一宿。翌日，胡適慚愧於「玷辱了那個學校的名譽」，「當日在床上寫信去辭了華童公學的職務」[15]。辭去教職後，胡適打算投考第二批留美官費生。他的國文根基很紮實，英文也有了相當的水準，但是大代數和解析幾何的程度很差，擔心考不上。王雲五並沒有因胡適一度消沉放蕩而歧視他，而是積極慫恿他去報名，還花了幾個月時間幫助他復習大代數和解析幾何。赴美留學取得博士學位後，胡適才成為一代名人，他對王雲五當年的無私幫助永記心間，終其一生對王雲五「執弟子禮甚恭」。胡適有機會報反哺之恩，是在受惠於王雲五無私幫助的 10 年之後，其時他以北京大學名教授的身份，推薦處於失業狀態的

15　胡適：《四十自述》。

王雲五出任商務印書館編譯所所長，使王雲五有幸主持全國最大出版社的編輯出版業務達 25 年之久，成為中外聞名的傑出出版家。王雲五隻比胡適大 2 歲，年輕時兩人互幫互助，改變了對方卑微的地位，促成對方成名成家，在文化界留下了一段佳話。

在幫助胡適為出洋留學預備功課的過程中，王雲五也萌生過出洋讀書博學位的念頭。中國公學的特別氛圍又不時刺激著他的出國夢，教員中有不少出過洋的，在讀學生有志於出國深造者也大有人在。王雲五認為自己精通英文，中等學校文理各科知識均已涉獵，學識和學習能力都不比同齡人差，既然科舉仕途已經不可能再走了，出洋深造不失為提高個人身價的較佳選擇。然而，他自我設計的進取之道，再次受家庭變故的影響而無法實現。起因來自其二哥日輝的突然去世。日輝死於 1907 年，在生前曾發達過一陣子。日輝的特長是英文，能說會寫，在洋行做買辦，年收入逾萬元，在上海灘屬於薪金收入最高的社會層次。然而他富貴思淫欲，下班後沉湎於花天酒地的夜生活，後來索性把名妓贖出，在外覓屋同居，染上了性病，又吸毒成癮，終於被洋行除名，不得已改做投機生意，又一敗塗地，以致貧病交迫，吐血身亡。日輝去世後，王雲五的家庭負擔加重，籌措自費留學錢款也就發生了困難。但生性好強爭勝的王雲五並不氣餒，他相信只要耐心累積錢款，總有一天可以圓出國夢的。沒料到當他把出國留學的設想告訴父母后，遭到雙親的激烈反對。他的父母眼睜睜地看著三個兒子先後喪命，極其悲傷。王雲五是他們唯一倖存的小兒子，若出洋遭遇意外，便絕了後代。「不孝有三，無後為大」，這一傳統觀念在兩位老人頭腦中是根深蒂固的，因而他倆無論如何不同意王雲五出國，

並催促他盡早成婚，以完成傳宗接代的頭等大事。王雲五不願過早為婚姻分心，想把更多的精力投入工作和自修，但終究拗不過固執己見的父母，在 22 歲那年娶妻成家。他慨歎道：「這完全是由於媒妁之言和父母明察暗訪所得的成果。」新娘閨名徐寶蓮，廣東香山人，1891 年生，小王雲五 3 歲，女子中學肄業。成婚時，王氏族中長輩按習俗給王雲五取名鴻禎，「鴻」為族中行輩，「禎」為定名。新娘則由王雲五給她取字淨圃，後來以淨圃為名[16]。

大哥日華早夭，使王雲五中止了科舉應試的道路；二哥日輝病亡，使王雲五斷絕了出洋留學的希望。然而，人生的前程不可預測，沒有年輕時期屢屢失去求學機會的挫折，或許王雲五就走上另一條人生道路，也就不會取得以後輝煌的成就。他後來回顧道：

事後回想，假使我不因兩兄之死，得以一帆風順，以事學問，則充其量，我可能考取秀才，更進而一榜二榜，則我今日之地位，可能仍沉浮於宦海，消失於茫茫無際的新舊公務人群中；又假使我能借自力而遊學數年，獲得一二學位，則新的自由職業或公務人員中，可能亦有我的地位[17]。

王雲五受到父母的阻撓，未能趕上出國留學熱潮，對他個人求學生涯來說，的確是不夠完美的，然而有言道：「塞翁失馬，安知非福。」人的一生往往會遇到幾個十字路口，朝哪個方向走，對以後的人生旅途會產生不可逆轉的決定性影響。如果王雲五當年有幸出洋留學，能否大有作為，這是無法預推的，因為人生道路沒有「如果」可

16　王雲五：〈岫廬自撰年譜稿〉，見王壽南：《王雲五先生年譜初稿》，頁 67-68。
17　王雲五：《岫廬八十自述》，頁 39。

言。王雲五「被迫選擇」繼續留在中國公學從教，對他以後的發展起了積極的作用，則是毋庸置疑的，已被歷史證明了的。

言歸正傳。其時，中國公學由兩江總督派了一名進士出身的候補道夏敬觀擔任監督，辦學經費較為充裕，王雲五的月薪又有所增加。他將薪金的半數貼補家用，其餘的錢款大多用於購買書籍。他每天堅持看書幾個小時，閱讀的範圍仍與過去一樣廣泛博雜。他說，在中國公學任教期間博雜的閱讀，「使我以後約莫二十年間常常變更讀書門類的興趣，結果成為一個四不像的學者」。強烈的求知欲望激發起無限的精力，王雲五在教書和自修之餘，居然還有精力到美國人辦的萬國函授學校就讀，選修土木工程專業課程，兩年內修完了高等數學、物理、化學和機械學基礎課程，但在進入專業課程之前他又改變了主意，不想朝土木工程師的方向發展，於是主動輟學，又轉到美國拉沙爾函授大學（La Salle Correspondence University），利用業餘時間學習法律課程。Correspondence 意為相當於，轉義「函授」，也就是說，拉沙爾函授大學並不是正規的大學，但有些課程設置相當於大學程度。

在中國公學任教的最後兩年，王雲五還結交了幾位對他以後事業有所關係的人物。由於中國公學的新校舍設在吳淞，王雲五每天乘火車往返於上海與吳淞之間。于右任長期在中國公學任教，那時又兼任復旦公學的課程，也乘火車往返於兩地間。他倆在火車上時常相遇，交談頗為投機。王、於兩人後來都出任過國民黨政府大官，在臺灣期間仍以學者身份附政，做政治花瓶。1909 年秋，21 歲的王雲五兼任留美預備學堂教務長，進一步擴大了社交圈子。這所學校是新開設

的，校址在閘北，由江寧提學李瑞清主辦。教員中有安徽名士黃賓虹，任教國文，長於繪畫，與王雲五相處無間。後來王雲五主持商務印書館時，曾聘他為美術部主任。留美預備學堂甲班學生中還出了個人物，即河南人萬鴻圖（仞千）後來當上了國會議員，又出任民國政府政務委員，民社黨成立後成為該黨活躍分子與骨幹，同王雲五交往了幾十年，這層關係在王雲五從政階段尤為密切。振群學社社員李懷霜則為王雲五的寫作提供發表機會。1911 年李懷霜任上海《天鐸報》總編輯，王雲五應邀為該報撰寫了不少文稿，一般文章署名出岫、岫廬，寫社論則不具名。辛亥革命影響到上海時，王雲五寫過一些宣傳反清革命的文章，也刊登於該報。時常撰寫時論文章，使王雲五將相當部分注意力轉入時事政治，為他在民國初年進中央機關供職打下了學識基礎。

「為學當如群山峙，一峰突起眾峰環」，學貫中西，自成一套讀書成才理論，好學精神影響幾代年少學子。

王雲五的苦讀與博學是很有點名氣的，也是他很為之自豪的。20世紀二三十年代，他作為出版界名人，其「野路子」成功之道已在社會上廣為流傳，為青少年學生們所仰慕。抗戰時期在重慶，他時常結合自己年輕時的經歷作演講，宣傳苦讀與博覽眾書的重要性，激勵青年多讀書、苦讀書，部分演講詞編輯為《岫廬論學》等集子。50 年代初王雲五去臺灣後，被當地輿論界稱為「學術界的奇人」，臺灣記者的採訪，進一步擴大了他苦讀與博覽對臺灣社會的影響，成為教育青年學子認真讀書的活教材。而最早宣傳王雲五苦讀與博學的是胡適，早在 1920 年就為之大力鼓吹，使王雲五得以順利地進入商務印

書館，擔任編譯所所長的重要職務。胡適一有機會就推介他的恩師，而且津津樂道於通讀《大英百科全書》這件事，對王雲五的博覽與博學懷著崇敬的心情。

年輕時通讀《大英百科全書》是王雲五最為得意的讀書經歷。他在《岫廬八十自述》中多處詳細敘述了他怎樣用分期付款的方式購買這部英文巨著，怎樣克服困難讀完了這部書，怎樣從這部書裏獲取知識，成為「雜家」。儘管王雲五在晚年接受記者採訪時一再表白：「我常對胡適之說別宣傳了，我用的是笨方法，讀書不專，對每門學問只能得一大概，這樣就會一事無成了。」但這只是表面上的自謙之辭。王雲五還常說自己「好讀書不求甚解」，然而他強調的是「好讀書」。在王雲五發表的《我的書齋》、《我的圖書館生活》等推介自己讀書經驗的文章中，都著重宣傳書讀得多、讀得博，最典型的例子總是通讀《大英百科全書》。晚年他接受臺灣資深女記者胡有瑞採訪時，先講述如何克服經濟困難，購買《大英百科全書》，然後暢談讀這部書的體會和收穫：「我是逐字逐句的閱讀，想想得來不易，就特別用心，對每一條都不放過。不到三年，三十厚冊的書我已經讀完了。從此，我也發現自己樣樣看得懂了，就連高深的數學也一樣通。」

由於王雲五是人所共知的雜家，而不是專家，他品評學問的時候不免有「崇博輕專」的傾向，有時喜歡拿胡適的「專得傻」，來反襯自己的「博得妙」。他半開玩笑地擺出「師道尊嚴」，用調侃的語氣笑談胡適鑽牛角尖：

記得胡適寫的哲學史，寫到第二集時，談到了佛教，於是他的

「專精」態度又來了，非要搞清楚不可，就專心研究起佛學，最後，為了一個廣東和尚絆了一下，他的哲學史反而擱下不寫了[18]。

當然，王雲五並不是籠統地否定專，他反對的是有些人以專否定博。他把博解釋為「全體的專」，倒不失為很有個性的見解。1976 年 8 月初，他接受臺灣《大華晚報》記者採訪時，對博與精的關係有過一番精妙的解說：「昔人所謂由博返約，先要博，然後專精一二部門。其實由博返約，不是粗枝大葉，先知其大體然後精研一二部門，而是樣樣要真切瞭解之後，再從事部分的研究，從全體的專到部分的專。」胡適曾把學問比做金字塔，塔的頂點便是最為精專的學問。王雲五對此說不以為然，1964 年他在臺灣中原理工學院畢業典禮上發表演講，對胡適的「金字塔學問」說提出質疑：「到尖頂之後，似乎已達登峰造極的目的了。照這樣的形態，好像專家的學識應該是卓然獨立，而無須旁及其它專門學識的。」王雲五認為沒有廣博的知識作為依託，專精的高度必定受到限制，於是他即興發表了一通「山峰論」，其中「為學當如群山峙，一峰突起眾峰環」，在臺灣學界傳為名句：

一群的山必有一個最高峰，但最高峰並不是平地直起的唯一峰頂，往往有許多較低的山峰環繞著它。這個最高峰好像是一項專攻的學科，而環繞著它的較低峰頂，好像是這位專家應該旁通的其它學科。……對於專攻某一專科的人，其所主修者有如最高峰，其所兼涉者有如眾峰。我之所謂通才，正可以群山峙形容之。因此，我也用兩

---

18 胡有瑞：〈學術界的奇人〉，載臺灣《書評書目》第 2 卷第 14 期。

句話代表:「為學當如群山式,一峰突起眾峰環。[19]」

　　在這次演講中,王雲五還談到了大學教學中基礎知識與專業知識的關係。他認為在讀學生除必修課之外,要自覺「選修一二門與所學有關之科目」,而且畢業生離開學校,「既成專才之後,仍須進一步養成通才」,還要堅持自學,擴大知識面。他說:「畢業後,選擇一些與各位所學相關的科目,自行研究,以收旁通之效,而達成通才致用之目的。」王雲五這番關於大學生知識結構應向通才方向發展的議論,反映出他的教學觀點是很先進的。大陸理工類高等院校意識到通才培養的重要,並開始全面推行於教改實踐,以改變理工類學生知識專而不博的欠缺,大多是在 20 世紀 80 年代後期。王雲五在此之前20 餘年就針對臺灣高等學院人才培養中重專輕博的問題,率先「覺悟」,發表「通才論」,其教學意識是具有前瞻性的。王雲五的通才教育觀點,是他本人的創見呢,還是受了美國麻省理工學院文理並重教改觀點的影響?這是無從考察的,因為他演講的特點是較多結合自身經歷和感想,其它信息來源較少提及。

　　王雲五一生中沒有進過正規的學校,在私人開設的各類「雜牌」學校裏就讀的時間總共不滿 5 年,而且斷斷續續的分為 5 個片斷。他沒有得到過一張文憑,許多知識都是在課餘或輟學期間自修得來的。他功成名就之後,有資格為自己淵博的學識自豪。他對臺灣名記者胡有瑞說:「我看的書很多、很廣。中文,我想老翰林也沒有我讀的古書多,而英文,博士和專家也沒有我看的書廣。」他酷愛讀書,但反對泛泛而讀,他強調博覽的目的是求取學問。他把讀書區劃為三種類

19　王雲五:《專才與通才》,1964 年夏為中原理工學院畢業式講。

別，不讀書、假讀書和真讀書：

不讀書，是指對書本不感興趣的人，於是稍為鬆懈，必定丟開書本。假讀書，和不讀書不同，這種人是會一卷在手，會勤讀，但是對書的內容毫無興趣，他們之中，有許多人成績也許很好，但在做學問上卻無半點成績。真讀書，是深諳讀書味的讀書人，也許，在學校中，這些人的成績不太出色，可是，由於他們已視讀書是一種權利，即使是離開了學校後，仍然會手不釋卷，在窮研細讀下，往往成就很大[20]。

1961 年 2 月，王雲五對新聞專業學生發表演講時，借用培根所做的比喻，來說明讀書要靠自發的內在努力，要善於消化吸收：螞蟻辛勤地收集盡可能多的食物，但不懂得如何對食物做加工，這有如一味認真讀書的學生。蜘蛛利用體內物質放出纖維，織成網，以待小昆蟲自投羅網，這是靠自發的努力以達到目的。蜜蜂則兼具螞蟻和蜘蛛的能力，一面向花採取所需要的東西，一面在肚子裏將採集物經過內在作用，使之變為有用的東西。由此「比較一下求知的作用，螞蟻算得是專靠讀書，蜘蛛算得是專靠自己內在努力，即思考，蜜蜂卻是兼靠讀書和思考的[21]」。

王雲五認為，追求知識和學問需要發自內心的動力，良好的環境可以使求知欲得到順利的發展，但與不良環境作堅持不懈的鬥爭，同樣可以激發起求知欲，進而獲得事業的成功。他多次說起，14 歲那年他讀《佛蘭克林傳》，以佛蘭克林自學成才作為楷模，勉勵自己奮

20　胡有瑞：《學術界的奇人》，載臺灣《書評書目》第 2 卷第 14 期。
21　王雲五：《讀書與求學》，1961 年 2 月為世界新聞專業學校開學式講。

發自修：「佛蘭克林原是個窮小子，只念過兩年學校，以後，全靠自己的苦讀，成為大政治家、科學家，還發明了電。當時，我將這本自傳反覆念了幾遍，心中深受感動。⋯⋯我很好奇，凡一件新的東西，我決不怕難，一定要瞭解個透，沒有老師，我就靠自己。」[22]只接受過7年正規教育而成為思想家的盧梭，僅僅在公立學校學習3個月而成為發明家的愛迪生，都成為王雲五青少年時期學習的榜樣、自勉的動力，他在晚年常用這類例子鼓勵青年學子克服困難，積極進取：「愛迪生的成功，除歸因於他的努力外，還有賴於他的積極精神，他在任何環境和失敗之時，從來不稍灰心，仍然積極進行。這實在是成功的要件。」[23]王雲五在更多場合，是聯繫自己的苦學經歷，來激勵青年學子的：

　　我在輟學期間能夠自修，實在是對於不能順利發展求知欲的反應。我的反應有二：一是自己的求知欲頗強烈，而在各片段的學校生活中總算沒有遭遇教師的壓抑。然於修業興趣正濃之際，突然失學自非所願，故輟學中無時不作再入學的準備。二是我平素頗好勝，認為他人所能者我亦未嘗不能。在學校中我的成績一向不下於同學，一旦不能繼續學業，遂努力對逆境奮鬥[24]。

　　王雲五非但有強烈的求知欲，而且善於探索有效的自修方法，使自修取得預期的獲取有用知識的效果。他自修英文時，遇到生字必查字典，開始階段頗費時間，累積了豐富的詞彙量以後，閱讀進度就很快了，以至能夠「一目十行地速讀」。他還特別重視對英文文法的分

22　臺灣「《中央日報》」，1979-08-20。
23　王雲五：《我們應該怎樣紀念愛迪生》，1961年7月為愛迪生紀念會講。
24　王雲五：《我怎樣自修》，1952年7月為臺灣《讀書》雜誌作。

析，因而讀複雜的長句不至於誤解。開始接觸世界名著時，他用英漢對照的方法閱讀赫胥黎的《天演論》、孟德斯鳩的《法意》等，都用嚴復的譯本。然後選擇原著中精彩的段落譯成中文，過幾天再將自己的中譯文譯回英文，與原文對照，找出自己的文法錯誤或用詞不當之處。後來又將中文著作中的精妙段落譯成英文，然後再將自己的英譯文譯回中文，與原文對比修改。經過長時期的反覆訓練，他的中英文互譯達到了相當高的水準。掌握英文之後，他在青年時代還自修法文、德文，也使用學習英文的方法。王雲五自修數學、物理，注重於演算與解答難題；閱讀科學類書籍，則自編表式，達到化繁為簡、系統理解的目的。他早年讀書，習慣於用不同顏色的筆在自己的書籍上畫線、圈點，以增強記憶，並隨手在書上寫下閱讀感想：

記號以紅、藍兩色鉛筆為之，對於意思最好的部分劃一紅線，文章最好的部分劃一藍線，次之則改為虛線，再次用圓圈，再次用小三角。總計四種符號，每種各有兩色，實際上為八個符號。間有意見，則於書邊天地空白處酌注數語[25]。

用了上述種種認真細緻的讀書方法，王雲五不斷地學習新知識，不斷地把求知的觸角伸入到新的學科領域，又不感到特別困難。

王雲五的苦學和苦學成才，在抗戰時期的重慶已被廣為宣傳，在臺灣更是婦孺皆知的，尤其對年輕學子很有教育意義，成為他們學習的榜樣。楊亮功曾撰文評論道：「王雲五不僅以苦學成才，而且是一位文化的播種者。其苦學精神足為現代青年人所取法，其傳播文化事

25　王雲五：《讀書十四法》，1952年1月為臺灣《讀書常識》雜誌作。

業則更足以沾溉當時，啟迪後世。[26]」自 7 歲開蒙到 20 歲剛出頭便執教中國公學和留美預備學堂，王雲五經歷了十多年艱難曲折的求學與自修道路，頂住壓力，衝破阻力，終於苦學成知識博雜的教書先生。他沒有受過高等教育，沒有在正規的中等學堂接受過教育，甚至沒有機會到像樣的教會學校讀書。除了受過國文和英文的啟蒙教育外，他的「學貫中西」幾乎都來自於刻苦自修。由於沒有文憑，直到 23 歲，他的教學品質儘管有口皆碑，但他沒有資格到高等院校去任教，甚至無緣進入官辦的中等學堂當教員。但他仍然滿懷信心，雄心勃勃，不停頓地自我設計、自我完善、自我奮鬥，以「男兒當自強」勉勵自己，相信自己總有出人頭地的一天。他後來談到人才問題時很有感觸地說：「人才如一棵生命力強盛的樹，你是不能壓制他的。即使勉強在他上面壓一塊大石頭，他會鑽出來向上成長的。勉強壓制，一定會土崩石裂。[27]」這番話是在他成為名人之後，對摯友朱經農之子朱文長講的，以老前輩談人生感受的口吻開導晚輩，其實，這也是支撐他數十年如一日奮鬥不息的人生信條。

渴望事業有成，成為王雲五個人奮鬥的強大動力。不放過一切可能的機會，使他最終成為多色彩、多側面的名人。從少年時代起，他就為自己編織過一個又一個美夢，並努力去奮爭，但美夢一個接一個地破滅了。熟讀「四書五經」，夢想進士及第，卻連考秀才的機會也沒有；博覽英文著作，想出國掙個洋博士，卻只能「望洋興歎」；想精通一門，做個建築工程師，學到一半自己覺得沒有趣味，中途退

---

26 楊亮功：〈一位苦學成名的文化播種者〉，見王壽南主編：《我所認識的王雲五先生》（臺北市：臺灣商務印書館，1975 年）。

27 朱文長：《回憶王雲五先生》，載臺灣《傳記文學》第 35 卷第 6 期。

出。他只好不很情願地手執教鞭，間或為報社寫些文章，雖然有了點小小的名氣，但仍在彷徨中探索，仍在編織人生之夢。至於從政、搞文化出版事業，在那時還沒有一點兒影子，甚至還沒有進入他的夢想。然而，機運突然降臨，送給他機會的，居然是近代中國最傑出人物之一的孫中山先生。

第二章

跨入政門半隻腳

得到孫中山賞識，就任臨時大總統秘書。雖然圓了美夢，卻又覺得事務性工作太煩瑣，兩為其難。

一次極偶然的機會，使王雲五幸運地結識了孫中山，並給孫中山留下了良好的印象，以此為契機，王雲五脫離教職，進入政府機關工作，對他以後的人生道路產生了難以估量的影響。1912 年 1 月 2 日，上海報紙報導孫中山就任臨時大總統前夕在滬上的活動，其中記載了王雲五初識孫中山的大致情景：

> 孫大總統原籍廣東香山縣四都，前晚其同鄉旅滬人士假老靶子路辰虹園設宴歡迎，以表桑梓之誼。總統於午後六時，偕隨員朱、謝蒞會，與同鄉數十人一一握手。席間王雲五君代表全體致辭，當由總統親賜答詞。該鄉旅滬學界人數頗多，曾組織學會，發刊季報，分贈同鄉，以為聯絡鄉誼、監督故鄉教育風俗之機關。即席由會長王雲五君將已出版之報章奉呈，承總統獎飭，立賜題詞，以示鼓勵。孫君議論風生，皆足令人起敬。暢談兩小時，始行作別[1]。

報導中提及的「隨員朱、謝」，即朱卓文、謝良牧，孫中山的題詞為「開新紀元」。這則報導的措辭有不夠嚴密之處，王雲五不是廣東同鄉會「會長」，而是這次宴會活動的主席，是由鄉親父老臨時推舉的。孫中山在參加這個聚會之後正式就任臨時大總統，因此報導中以「總統」稱之是事後的加尊。

辛亥武昌起義成功後，革命勢力席卷長江流域及南方諸省，國內輿論普遍呼籲同盟會首領孫中山盡快從海外返回，主持革命大政。

1　《民立報》，1912 年 1 月 2 日。

1911 年 12 月 25 日孫中山抵達上海。29 日，17 省代表在南京選舉，孫中山以 17 票中得到 16 票當選為中華民國臨時大總統。31 日孫中山啟程赴寧就職前夕，應邀參加同鄉人士為他在上海辰虹園舉辦的晚宴。主辦這次晚宴的是廣東省香山縣四都和大都旅滬人士。孫中山誕生於翠亨村，王雲五的故里在泮沙村，兩地同屬四都，因而他倆可以稱為小同鄉了。王雲五從事教學工作多年，知書識字，而出席這次晚宴的大多是商界人士，於是公推王雲五為主席，致辭歡迎孫中山。孫中山致答謝辭後，興致勃勃地與鄉親們聊天。王雲五坐在孫中山近旁，交談的話題較為廣泛。孫中山詳細詢問了王雲五的職業情況，對他的印象不錯，尤其賞識他的口語能力，能流利地說英語、國語、滬語和粵語，當即邀請他赴南京擔任臨時大總統秘書。王雲五喜出望外，表示極願效力。

　　王雲五有幸追隨眾望所歸的孫中山，自然是很感到榮耀的，同時還有一份突然圓了美夢的意外驚喜。他出身寒微，沒有正規的學歷，也沒有革命經歷，入仕做官猶如遙不可及的夢想，而今突然獲此天賜良機，怎能不驚喜？怎能不感慨萬千呢？王雲五是這樣描述自己當時的想法和心情的：

　　前清參加政府工作的人，大都經過兩途，一是考試，二是化錢捐納。但無論考試或捐納，都要找門路和請託，才易獲得實職。卻想不到一個未曾參加革命工作，又未加入革命組織的人，僅因一面之緣和一席話，便承我們新建國的元首自動擢用。我一面自然受寵若驚，一面還得謙讓一下。但孫先生仍堅邀我相助，並且很具體地說明我充任臨時大總統府的一名秘書。我感於孫先生的態度誠懇，始敢接受任

務[2]。

　　王雲五受到孫中山的賞識，機運來得很突然，但偶然的機遇中也含有必然的因素。首先，23 歲的王雲五與眾多書生士子一樣，具有愛國之心，也有振興中華、報效國家的願望，這種志向與那個時代的大環境是密切相關的。晚清積弱，中華民族一再遭受列強的欺凌，國人痛恨列強，也痛恨誤國害民的腐敗政府。王雲五在孩童時代就有了自發的愛國情感。在他 7 歲那年，清軍在甲午戰爭中遭到慘敗，慈禧太后命李鴻章東渡，簽訂了喪權辱國的《馬關條約》。噩耗傳來，國人共憤。泮沙村的鄉親父老議論起這場國恥，無不痛心疾首，其時回鄉居住的王雲五受到很大的震動，他後來追述道：「那時候我的幼稚心靈，聽了這些鄉里品評，便產生兩種終身不能磨滅的印象：一是痛恨慈禧太后和誤國的官吏，二是痛恨日本人。[3]」王雲五在年少時還聽大哥說起表兄陸皓東的英雄壯舉。陸皓東追隨同村的孫中山發動革命，在廣州被捕，寧死不屈。王雲五聽後心裏很難過，也很感佩，對革命先驅者的膽識充滿敬慕之情。後來，王雲五回憶起少年時代的經歷，時常刻畫大哥的這段敘述和他自己的感受：

　　審問他（陸皓東）的官員見他一表斯文，不像造反的人，還想超脫他。可是表兄真是好漢，一口承認要革清朝皇帝的命，說這是和湯武革命一樣，不能算是造反，不幸失敗，砍頭便砍頭罷了。我聽到這番話，對於陸表兄的壯烈很是欽佩，連帶對於他所追隨那位同村姓孫的，也不禁景慕起來，遂又追問那位姓孫的名字和他的行業。……那

2　王雲五：《岫廬八十自述》，頁44。
3　王雲五：《岫廬八十自述》，頁3。

時候我年紀尚小，對於民族意識還沒有印象，只是小小的心靈對於我們的表兄和他所追隨的那位孫醫生的大膽行為，仍然時時懷念[4]。

由於敬佩陸皓東不怕犧牲的精神，王雲五自然而然地欽佩陸皓東所追隨的革命領袖，以及革命黨人所從事的事業，「長大後，能夠閱讀書報，對於孫先生所領導百折不回的革命運動，無不寄於崇高的敬意[5]」。另一方面，民族危機的深化，則使他產生「救亡圖存」的憂患意識。1904 年，日、俄兩國在中國東北領土進行大戰，雙方投入數十萬兵力，清政府不敢開罪這兩個兇悍的強國，宣稱中立，使中國主權遭受了嚴重的凌辱和破壞。王雲五時年 17 歲，他感慨地說：「弱國之可憐，由此可見。余以一介青年，置身於此一時代，對於國家觀念與愛國思想之被激動，自屬當然。[6]」處於這樣一個時代，對於一名有上進心的青年來說，有這些思想應該說是很自然的。從參加振群學社起，到任教中國公學，王雲五的政治視野逐漸開闊了。振群學社集結了一批有志青年，中國公學更不乏思想激進的革命黨人。儘管王雲五在這一時期忙於讀書自修、教書掙錢，在長達數百萬字的兩部自述和《自撰年譜》中也較少提及這一時期革命運動對他的影響，但他多年同激進青年相處，洞悉國內外政局，相機投身社會變革的念頭一直未曾泯滅。

其次，王雲五在 1912 年初下決心棄教從政，同他個人想出人頭地的願望也是一脈相通的。王雲五本人對此也從不諱言。金榜題名、榮宗耀祖的強烈吸引力，並未因科舉考試廢止而在他心中消逝。要幹

4　王雲五：《我怎樣認識國父孫先生》，載臺灣《傳記文學》第 1 卷第 7 期。
5　王雲五：《我怎樣認識國父孫先生》，載臺灣《傳記文學》第 1 卷第 7 期。
6　王雲五：《岫廬八十自述》，頁 28。

出一番事業的衝動，一直激勵著青年王雲五做出種種不懈努力。騷動於內心的願望，一旦有機會變為現實，他當然不會放過天賜良機。

再者，從知識結構看，王雲五具備了做臨時大總統秘書的基本條件，也可以說孫中山看中他是慧眼識人才。王雲五時常為報社撰寫文章，見多識廣，對時事政治有相當的瞭解，而且文理兼通，中英文都達到相當程度。特別是他精通4種語言和方言，對於勝任秘書工作尤為重要。廣東話是他的家鄉語，在家裏和旅滬粵人之間都用廣東話交談。王雲五發跡在上海，長期居住滬上，因而又說得一口地道的上海話。他多年從教，主要講授英文課程，平均每周20課時以上，英語會話也就自然不成問題了。講課要學生聽得懂，課餘要交結各種朋友，勢必學講國語，到中國公學任教期間，他的國語已經過關了。國語屬北方話語系，長江以北大多數地區的人都能聽懂。家鄉話屬粵語系統，那時廣東籍革命黨人特多，會說廣東話對於從事政府機關工作較為便利。上海話源於蘇州話和寧波話，屬吳語系統，適用於江南地區。能熟練使用這三種口語，同國人打交道便毫無語言阻隔。王雲五的英語讀寫聽講能力，又足以應付行政秘書工作中可能會有的外交需要。具備語言優勢和博雜的知識，王雲五被孫中山選為秘書便是順理成章的了。

第四種因素同樣重要——王雲五幸而與孫中山有「同鄉之誼」。倘若沒有這層關係，王雲五也就失去了結識孫中山的可能性，此後的人生道路、事業追求就會大不一樣。後來，臺灣有些作者將這層同鄉情義塗上神聖的色彩，作為王雲五光輝的一頁。內地有的作者則認為，王雲五原本並不具備從政的素質，只是機警地利用了這層同鄉關

係，頗有不屑之意。其實，重視鄉情乃至利用鄉情，是中國傳統文化的一種特色，勢必反映在近代中國的社會生活和政治生活中，何況這一層關係在實際的政治運作中所起的作用並不都是消極的，因此沒有必要對此作過分的褒貶。孫中山僅憑一面之交便對王雲五產生了信任感，也並非純從鄉情出發，除了王雲五本身的才華之外，孫中山本人的鑒識以及直爽敢為的性格起了很大的作用，何況孫中山匆匆從海外歸來就任臨時大總統職位，可以信賴的晚輩人物並不多，他「破格」使用王雲五之舉雖然出人意料，卻亦在情理之中。

由於交接在上海的工作花了兩個星期，王雲五於 1912 年 1 月中旬才趕赴南京報到。孫中山同他面談後，寫下手令，正式派任他為臨時大總統府秘書。王雲五在接待處工作，主要任務是接待來訪者。如果他認為需要孫中山親自接見的，便記下晉謁事由與來訪者的姓名、住址，告以等待通知。如果他認為來訪事由不必孫中山親自過問或處置，便告請來訪者到其它有關部門去聯繫，或代為接洽。王雲五每天把接待情況向孫中山彙報一次。這項工作，對於精通四種口語又善於辭令的王雲五來說是十分勝任的。孫中山知人善任，從中也可見一斑。但是王雲五內心有點矛盾，一方面在國人敬仰的孫中山先生身邊工作，天天親聆指教，猶如沐浴在春風雨露之中；另一方面他又覺得秘書的事務性工作太瑣碎，難以充分施展才華。臨時大總統的秘書，除接待來訪之外，還有文書、機要等類別。王雲五在中國公學教過的學生楊杏佛主管收發處。楊杏佛的職位較為重要，除了蓋有「特別機密」標記的檔，其它檔他都有權拆閱，據內容將檔分送各有關部門。相比之下，王雲五從事的接待工作就顯得平淡乏味。

王雲五跟隨孫中山做秘書的時間並不長，但對他本人的人生旅途是一大轉折。此後 6 年多的日子裏，王雲五的從政生涯不很穩定，職位也不算高，只能說是半隻腳跨入政界，間或有些作為，但成績不很顯著，而且多次捲入是非漩渦，有時覺得鬱鬱不得志。不過，這段曲折經歷使他經受了磨煉，他不斷吸取教訓，累積經驗，漸漸變得練達圓熟。何況，半隻腳跨入政界後，社交層次大為提高，知名度隨之擴大，這為他 20 世紀 20 年代初期起在商務印書館擔當重任、30 年代後期起參政議政乃至 40 年代中後期當上大官，創造了有利的條件。

提出教改建議，受蔡元培器重，進教育部任職。隨政府遷北京，起草教學法令。捲入人事糾紛，觸犯眾多上司，被迫離開中央機關。

在離滬赴寧任秘書之前，王雲五曾寫了一封信給教育總長蔡元培，表述了對學制改革的三點建議。這封信反映出王雲五對學制改革有深刻切實的見解，引起蔡元培的重視，並由此改變了王雲五的從政經歷。這封信的要點如下：

一、提高中等學校程度，廢止各省所設高等學堂，在大學附設一、二年級的預科，考選中等學校畢業生或相當程度者入學。預科畢業者升入大學。

二、大學不限於國立，應准許私立。國立者不限於北京原設之一所。全國暫行分區各設一所，並主張除北京原設之京師大學堂外，南京、廣州、漢口應盡先各設一所。

三、各省得視需要設專門學校，其修業年期較大學為短，注重實

用[7]。

這份改革建議針對清末學制的流弊，為民國初年的教育改革拓開了思路。清政府搞「新政」時規定，各省設立高等學堂（相當於高級中學）。但各地高等學堂教學水準參差不齊，而且國立大學僅京師大學堂一所，致使高等學堂畢業生大多不能考升大學，造成教育資源的浪費。王雲五建議設大學預科，同時增設國立大學，准許設私立大學，這顯然有利於高等教育的發展。他還提出提高各地中等教育的程度，各省開設實用性的專門學校，用現在的話來理解，就是提高初中教育品質，發展中專、大專，使不同類別、不同程度的學生都有實實在在的出路，而不使教育資源浪費在泛泛的高中階段教學。這無疑是很有見地的建議。

在臨時大總統府任職 10 餘天後，王雲五收到了蔡元培的親筆回信。蔡元培按王雲五發信原址，將回信寄到他在上海的家裏，再由王雲五家屬轉寄到南京，延誤了些時日。蔡元培在信中對王雲五勉勵有加，希望他到教育部「相助為理」。蔡元培求賢若渴、禮遇下士的作風，令王雲五感動不已，他自述道：

我對於蔡先生並無一面之緣，而且已有總統府的職務，更無藉此求職之意，只是以教育界一分子貢獻一點有關教育的意見而已。想不到蔡先生對於一位向未謀面的青年，而且絲毫沒有透露毛遂自薦之意，竟也特別拔擢[8]。

---

7 王雲五：《岫廬八十自述》，頁 51-52。
8 王雲五：《岫廬八十自述》，頁 49。

蔡元培慧眼識人，王雲五也躍躍欲試，因為他對秘書雜務「不見得有特別興趣」，而對教育事業已有從業經驗，與其做無味的雜務，不如到教育部去碰碰運氣。於是，王雲五手持蔡元培的親筆函，硬著頭皮面請孫中山裁決。孫中山善解人意，提出一個兩全的辦法：王雲五上午仍在臨時大總統府接待處工作，下午去教育部供職。不久，孫中山又派任另一位秘書來接待處，王雲五仍然上、下午分別在兩處辦事。

教育部通常被認為是文教界資深人士薈萃之處，蔡元培卻破格起用資歷不足的年輕俊才，傳為一時美談。除了王雲五外，另一位在教育部成立不久即被破格錄用的人才是魯迅。許壽裳向蔡元培推薦魯迅，極言其才識過人，蔡元培立即表態：「我久慕其名，正擬馳函延請，現在就托先生代函敦勸，早日來京。」蔡元培著意網羅各式人才的同時，主張精兵簡政，「為事擇人，並不必多設冗員[10]」。那時的教育部層次簡明，辦事堪稱雷厲風行。除教育部總長、次長由臨時大總統任命外，其餘在職人員一律稱部員，幾乎沒有級別高低，僅有的差別便是主辦與協辦之分，但一律領取數額相等的低額津貼。王雲五是教育部中年紀最輕的部員，屬協辦人員。教育部「由於人數少、層次少，工作氣氛濃，所以行政效率很高。大家以搖鈴為號，分工任事，各類案牘隨到隨辦，從上午9點上班，幹到下午5點散班，如同書局的編輯部，『絕無官署意味』[11]」。王雲五把每天分成兩半，忙碌於臨時大總統府接待處與教育部之間，一面是承領臨時大總統的恩

9　許壽裳：《亡友魯迅印象記》，頁32，見李華興主編：《民國教育史》（上海市：上海教育出版社，1997年），頁419。
10　蔣維喬：《民國教育部初設時之狀況》，見舒新城編：《近代中國教育史》，第4冊，頁196。
11　李華興主編：《民國教育史》，頁417。

澤，另一面是參與起草教育檔。王雲五的「兩栖生活」維持並不久長，便被政局的驟變打斷了。

由於列強對南京政府施加壓力，北洋新軍將領和舊官僚乘機製造「大總統非袁莫屬」的聲勢，同盟會內部的妥協思想也隨之抬頭。造成這種態勢與辛亥革命不徹底是有密切關係的。同盟會成員沒有直接加入武昌起義，各地回應武昌起義大多以清末新軍為主力，因而南京政府缺乏可以信賴的軍事力量，難以抗衡中外反革命勢力的圍逼。孫中山無力挽救逆轉的政局，被迫接受讓出臨時大總統的條件，即袁世凱必須迫使清帝退位，並宣佈贊成共和，然後由參議院選舉袁世凱為臨時大總統。1912 年 2 月 12 日，清帝在北洋軍首領壓力下宣佈遜位。13 日袁世凱通電，宣稱「共和為最良國體」，今後「永不使君主政體再行於中國[12]」。同一天，孫中山向參議院辭去臨時大總統之職，並推薦袁世凱繼位。孫中山提出辭職時，以「臨時政府地點設於南京」為附加條件，欲以此舉制約袁世凱。但北洋軍將領於 2 月 29 日、3 月 3 日相繼發動北京兵變和天津兵變，製造北方局勢不穩的假象。袁世凱遂以兵變為由，拒不南下就職。參議院迫於無奈，電告袁世凱，同意他在北京就任臨時大總統。4 月 1 日，孫中山正式解除臨時大總統職務。5 日，臨時政府遷往北京。

王雲五面臨的選擇是，隨孫中山退出政府，還是隨蔡元培北遷。王雲五任臨時大總統秘書前後總共約兩個月，與孫中山的交往並不深，沒有必要與之共進退，而且退出政府，對王雲五來說，意味著回到以教書為業的生活，一時看不出光明開闊的前景。王雲五在教育部

12　《臨時政府公報》，第 15 號，1912 年 2 月 14 日。

的工作頗得蔡元培讚賞，對個人前程來說，似乎還有不少發展的餘地，於是他決定隨部遷北京，繼續供職政府部門。在短短 3 個月的時間內，王雲五兩次面臨職業抉擇，都決定放棄教職，到中央機關工作。他做出這一決定是有所犧牲的，即政府俸薪大大低於教書的收入。在進南京政府工作之前，王雲五為了維持家用和購買書籍，求職時首先考慮的是薪金高低。他每換一個教職，總要比較一下與原職待遇的優劣，低則不就，高便「跳槽」，他在自述中不厭其煩地比較每個教職的薪金，以及他棄低就高的思考過程。但一旦有機會到中央政府工作，他便以仕途為重，暫時不去計較報酬。去南京政府工作之前，他在中國公學的月薪是 250 元，又兼任留美預備學堂教務長，月薪不下 200 元，還時常為《天鐸報》撰稿，獲取稿酬，每月總收入 500 元以上。但在蔡元培手下工作，俸薪是極其微薄的。蔡元培在主持南京政府教育部階段，他自己不領俸薪，並一再告誡部屬，「惟有力行節儉，以為全國倡」。那時的教育部，「自總長以下至錄事，不過 30 餘人，不分等級，一律月支津貼 30 元[13]」。如果說王雲五赴南京政府工作以前，對部員薪金收入情況還不很了然的話，那麼，在政府任職幾個月後，對津貼之低微已經有切身感受了。此時他仍決心隨教育部北遷，經濟待遇問題自然已是置之度外的了。由此可知王雲五年輕時的人生價值觀：愛錢，但不做財迷，更重視個人前程。民國政府北遷後，蔡元培再次表態，他作為教育總長，不拿薪水，純粹盡義務，並規定教育部次長以下一律月給 60 元薪俸。至於王雲五在北京兼職賺錢，那是以後的事，在他決定隨政府北遷之際，的確不計較個人經濟利益上的得失。

13　蔣維喬：〈民初以後之教育行政〉，載《興華半月刊》第 5 卷第 2 期。

政府北遷後，教育部設承政廳、普通教育司、專門教育司、社會教育司。王雲五以僉事兼專門教育司第一科科長。在同級官員中，他的資歷最淺。該司第二科科長路壬甫（孝植）曾留學日本，做過前清學部員外郎。第三科科長楊煥之（曾浩）曾留學英國，有文科碩士學位。該司司長林少旭（棨）原任前清學部參事。教育總長蔡元培則是前清進士、翰林院編修，曾留學德國。次長范靜生（源濂）原任前清學部郎中。在南京政府教育部與王雲五共事過的鍾觀光、蔣維喬、湯中均有一定資歷，去北京後任教育部參事。魯迅的資歷雖然較淺，但畢竟有過留學日本的經歷，資格比王雲五要老一些。魯迅於 1912 年8 月被任命為教育部僉事兼社會教育司第一科科長。

　　在北京教育部最初幾個月裏，王雲五起草過教育法令，他憶述道「我的工作係以對《大學令》和《專門學校令》之起草為主」，而這兩個法令，實質上採納了他在南京政府成立初時對蔡元培的三點建議[14]。李華興教授主編的《民國教育史》則強調蔡元培對學制改革的作用，認為《大學令》是蔡元培起草的。早在南京臨時政府時期，蔡元培就請教育部學有專長或經驗豐富的部員，分別擬制《學校系統草案》，他還親自起草了《大學令》[15]。《大學令》究竟由誰起草的呢？筆者認為由王雲五起草初稿、蔡元培改定或寫二稿的可能性較大，其理由有如下述：首先，《民國教育史》未就蔡元培「親自起草了《大學令》」之說提供論據，只是一筆帶過。其次，該書第 419 頁一段話也認為當時改革高等教育的設想來自王雲五：「王雲五是一個沒有受過高等教育的 23 歲的青年，與蔡元培素不相識。教育部成立之初，

14　王雲五：《岫廬八十自述》，頁 51。
15　李華興主編：《民國教育史》，頁 412。

他根據自己的任教經驗，向蔡元培送上一份改革高等教育的建議書，主張廢止各省高等學堂，提高中學程度，大學設預科；大學准許私人設立，國立大學不能僅設北京，應全國分區，每區各設大學一所；各省應設立專門學校，並注重實用。蔡元培看了建議書後，認為王的改革主張極為中肯。」第三點理由是，專門教育司第一科主管大學和留學生工作，王雲五作為該科科長，起草《大學令》責無旁貸。最後，《大學令》中的一些規定，與王雲五當初給蔡元培信中的內容相吻合。1912 年 10 月教育部頒佈的《大學令》規定：大學設預科及本科，中學畢業及經考試確認有同等學歷者為入預科資格，「大學本科入學資格為預科畢業及經考試確認有同等學歷者」，並允許「私人或私法人亦得設立大學[16]」。同月頒佈的《專門學校令》規定，專門學校由國家、地方、私人或私法人設立，入學資格為中學畢業生或經考試證明具有同等學歷者[17]。此類規定，同王雲五的教育改革設想也是一致的。鑒於上述各點，筆者認為王雲五起草《大學令》與《專門學校令》之說是可信的。

王雲五在北京教育部另一件值得一記的工作，便是偕同專門教育司第三科科長楊煥之，協助把京師大學堂改組為北京大學。京師大學堂是晚清戊戌變法唯一僅存的改革成果，也是民國之初唯一的國立大學。大學改名並不難，難的是如何顧全學界前輩嚴復的顏面。嚴復原任京師大學堂監督（校長），這一職位是由清末延續下來的。蔡元培總長很重視這所大學的改組，決定以原京師大學堂工科學長何燏時出掌北京大學，具體交接事宜由專門教育司協辦。由於楊煥之不善交

---

16 《教育雜誌》第 4 卷第 10 號。
17 《教育雜誌》第 4 卷第 10 號。

際，與嚴復交涉事宜由王雲五負責進行。面對「老氣橫秋」的嚴復，王雲五不卑不亢地進行交涉，「不僅使嚴、何兩位順利交接，且與嚴先生成為忘年之交[18]」。後來，奧地利學者衛西琴請嚴復漢譯他撰寫的關於中國教育的論著，嚴復推薦王雲五承擔部分翻譯。蔡元培也很賞識王雲五的辦事能力，同王雲五保持了 20 餘年的友情，兩人攜手合作，對我國教育與出版事業做出了特殊的貢獻，這是後話。但是，蔡元培任北京教育部總長為時並不久長，致使王雲五的才華未能在教育部得到充分的發揮。

1912 年 6 月，國務總理唐紹儀辭職，蔡元培等總長隨之主動去職，教育部人事發生重大變動。內閣危機的大致情況是這樣的：直系軍官王芝祥當時的政治態度傾向於同盟會，同盟會閣員提出以王芝祥為直隸都督。袁世凱當然不願把京畿要地拱手交給異己，堅持改任王芝祥為南方宣慰使。唐紹儀遂拒絕在這一命令上副署。按法規，沒有內閣副署，大總統命令無效。但袁世凱無視制度規定，逕自下達命令。唐紹儀極其憤怒，不辭而別，4 位閣員隨之集體辭職，以示抗議，他們是教育總長蔡元培、農林總長宋教仁、司法總長王寵惠、工商總長陳其美。蔡元培辭職後，於 7 月 14 日作長篇《答客問》，對袁世凱專權引發政府內部鬥爭極為反感，對自己未能在教育部繼續推行改革殊表遺憾，希望教育改革不因他辭職而中止：

我於教育行政，非所素習，然部中僚友，實有和衷共濟之樂，猝然捨去，良用歉然。又如臨時教育會議，為半年來所注意之規劃，而不能始終其事，尤疚心焉。惟政務一方面既有不可不去之原因，則不

18　王雲五：《岫廬八十自述》，頁 52。

能不犧牲事務以就之。蓋一部之於一國，其輕重固懸殊也。且吾在教育部，決不敢謂吾所主張之皆可以實行，而尤希望繼我者之所主張，較我為切實也[19]。

蔡元培「希望繼我者」更「切實」地推進教育改革，這一願望卻因教育部的內耗而落空了。他辭職不久，教育部便陷入混亂，還不夠老練的王雲五也捲進了人事糾紛。唐內閣辭職後，由陸徵祥組閣，改為司法總長許世英、教育總長范源濂、農林總長陳振先、工商總長劉揆一。由於教育部次長升任教育總長，原秘書長董恂士（鴻）相應升為次長。這些人事變動，對王雲五的影響並不大。但後來專門教育司司長林少旭改任京師高等審判廳廳長，發生了誰繼任該司司長的問題。王雲五對於繼任這一職位是頗為嚮往的，而且林少旭已透露了推薦他的意圖。據王雲五自述：「少旭一向和我相處得很好，尤其對於我的辦事能力與負責精神，不斷表示讚揚。在他離職前不久，私下曾對我有所表示，並言已極力薦我繼任司長……司中同人也一致認為我之繼任為當然之事。[20]」范源濂總長一度也同意王雲五升任司長，後來為了避免人事上起伏過大，引發新的矛盾，決定以資歷較深的第二科科長路壬甫升補司長。王雲五極為失望，他自述道：「乍聞新命，尤其是原計劃突變，心裏總不免有些難過。」路壬甫原係清末學部員外郎，擔任司長後舉措保守，引起司中同仁諸多不滿。以長於協調人際關係自居的王雲五剋制失望帶來的不快，從中調解，但他對於自己競爭失敗仍耿耿於懷，他的體會是：「我處境甚感困惑，除極力遏抑自己情感外，還要轉勸他人。可是矯情的結果，偶然不免露出不自然

19　《民立報》，1912-07-27；《蔡元培全集》（北京市：中華書局，1984年），第2卷，頁270。
20　王雲五：《岫廬八十自述》，頁54。

的狀態。[21]」這段升官未成的官場競鬥小插曲，反映出王雲五的兩個特點。一是「官本位」的觀念根深蒂固，一旦有機會，他很想取得較高的官職；二是待人處世方面能克己隱忍，即使在明爭暗鬥中敗下陣來，他從不為此公開埋怨范源和路壬甫，仍能盡心竭力緩和司中矛盾，而不是推波助瀾，讓新的上司難堪。強烈的進取心、克己忍讓的性格，成為王雲五後來幹出大事的內在素養。但他在教育部任職階段，畢竟還欠火候，不夠老到。時隔不久，又來了一次升官的機會，王雲五起初尚能把握自己，後來覺得地位漸漸穩固，同上司的關係又有鄉情維繫，一不留神，得罪了眾多官員，結果快快離開教育部。事由本末有如下述。

　　1913 年 3 月范源辭去教育總長，不久，農林總長陳振先奉命兼署教育總長。陳振先是廣東人，曾留美攻讀農林專業，對教育雖有興趣，但不熟悉教育部的事務和運行機制。他兼署教育總長後，馬上感到地域文化的阻隔，使他處處受制，同眾多下屬難以融洽相處。那時，教育部中江、浙兩省人士佔優勢。部內高級官員為一名次長、三名司長、四名參事，這八位高級官員中有五人來自江蘇、浙江。造成這樣的人事格局是有歷史文化原因的。由於江浙地區在明、清兩代文化特別發達，進士及第的人數遠遠高過其它省份，至民初仍保持顯著的文化優勢，在教育部官員中自然而然形成多數派。地域文化的差異原本容易造成心理障礙，陳振先剛開始行使總長職權，就敏銳地覺察出受到掣肘。陳振先吩咐秘書人員起草文稿，秘書按慣例聽取有關各司長、參事的意見，文稿草就後同陳總長的指示精神相去甚遠。陳振

21　王雲五：《岫廬八十自述》，頁 55。

先心裏很惱火。後來陳振先聽一小同鄉說起，部中王雲五也是廣東人，辦事幹練可靠，於是立即將王雲五叫到他辦公室起草文稿，限時完稿。經過當場「考試」，陳振先對王雲五的文字功夫和寫作速度均感滿意，於是加給王雲五主任秘書職銜。有了這一兼職，王雲五得以名正言順地參加部務會議，其它與會者為總長、次長、參事、司長。王雲五遂成為陳振先的參謀、心腹與朋友。廣東人鄉情觀念重，在外省市謀生的廣東人往往很重視利用同鄉關係，內部注意團結，相互間尊卑等級不甚分明。這一特色在陳、王關係中表現得頗為明顯。據王雲五回憶，在部務會議中，「陳先生對各項議案不甚知其經過者，輒先徵詢我的意見」。王雲五則心領神會，預先悉心準備會議內容，屆時從容提供建議。陳、王關係表現形式是純粹的公務上的往來，問題在於，在陳總長與科長級的王秘書之間還有眾多高級官員，他們不是廣東人，把陳、王關係看作任人唯親與附庸權貴的一出雙簧戲，由此潛伏下了矛盾。在應付日常事務性工作時，部內尚能維持表面平和，一旦在政見上發生分歧，便容易激化矛盾，私下成見轉化為堂而皇之地公務之爭，非到魚死網破，決不甘休。這是中國舊官場的積習，教育部的官員們也不能免俗。年輕的王雲五當年還沒有足夠的政治經驗，對官場的「地雷陣」茫然無知。教育部內部不自然的人際關係，終於在討論國會議員資格一案時，借機爆發為政見之爭。其時，國會議員被選資格中有中央學會會員一項，而原規定措辭含糊，易生歧義。於是，一些相當於專科畢業學歷的從政人士要求通融，提出比附條件。寬嚴尺度如何掌握，教育部的意見十分重要。部務會議在討論這一問題時，社會教育司夏司長不明確表態，與會的另兩位司長和三位參事則主張嚴格掌握標準，主張靈活處置的陳振先總長陷入孤立無

援的狀態，各執己見，會議形成僵持狀態。究竟應該是少數服從多數呢，還是負責長官說了算？那時還沒有公務員法規，因而無章可循，無法可依，雙方都不願稍作退讓。作為秘書，王雲五原本沒有資格直接參與上司之間的爭論，但無論在具體見解上還是個人情感上，他都傾向於陳振先總長，於是力勸各參事、司長，既已盡了言責，不宜過分堅持，應以總長意見為最終決定。原先找不到引爆點的參事、司長們，揪住王雲五的「失言」，大鬧了一場，旋即提出辭職，教育部頓時癱瘓了。王雲五在後來的回憶中記敘了他力勸諸長官「不宜過分堅持」所引發的連鎖反應：

> 想不到因此竟觸眾怒，謂我左袒同鄉的總長。僵持的結果，釀成全體參事、司長，除社會司夏司長外，一致以對陳總長辭職為要脅。陳先生不為所動，皆先以部令照準，除派我署專門司司長外，並以楊科長曾浩及彭視學守正署參事。董次長為表同情於參司各人，亦請病假[22]。

經過這樣一番折騰，教育部已無法正常運轉了。眾議院要求教育部長官報告中央學會案討論情況，陳振先總長不願前往，董鴻次長已告病假，於是王雲五奉陳總長之命，以「暫代次長名義前往報告」。儘管王雲五的報告「博得極熱烈的掌聲」，但教育部的爛攤子已經難以收拾。於是陳振先請辭教育總長兼職，國務院照準，並命董鴻次長暫理部務，旋調汪大燮執掌部務。原先憤而辭職的各參事、司長見情況變得對他們有利，或回部復職或轉任別的官職，暫署參事的楊曾誥、彭守正奉命復歸科長本職，王雲五「署專門司司長」的職務也被

22　王雲五：《岫廬八十自述》，頁56。

取消。到了這般地步，始作俑者的王雲五唯有辭職一途了。

通過鄉情關係，王雲五幸運地結識孫中山，躋身南京臨時大總統府。還是由於鄉情關係，王雲五受到陳振先的重用，兩人最終同遭劫難，脫離教育部。真可謂成也鄉情，敗也鄉情。但兩次鄉情的性質有所不同。王雲五受孫中山賞識，起因偶然，發展過程自然。王雲五同陳振先結成上下其手的關係，則從一開始雙方都意識到需要利用鄉情，同非廣東籍官員爭勝鬥雄。如何既利用好鄉情，又不過分刺激他鄉人，這是在社會上安身立命、在官場上左右逢源，極其重要的技巧。教育部的風波留給王雲五深刻的教訓，他汲取了這一教訓，從此以後他更重視人際關係，但在工作中不再結鄉幫。

在北京為《民主日報》撰寫社論，到國民黨辦的大學教授英文。1912 年加入國民黨，參加過反袁、反北洋軍閥活動，1927 年脫離國民黨。

王雲五在北京教育部任職期間，曾加入過國民黨，1927 年脫黨。由於他從 30 年代後期起，以社會賢達身份參加國民參政會，此後又以無黨派人士身份參加政治協商會議，做過十多年部長以上的大官，他歷史上的黨派身份便漸漸模糊了，以至有不少人誤以為他從來沒有加入過任何黨派。郭學虞在臺灣撰文論述過這一問題：「國人多認為王雲五為無黨派，大陸時代並公認為『二無黨』領袖之一，但事實並不盡然。王雲五在其《岫廬八十自述》一書中，曾自述其民國元年（1912）參加國民黨與十六年（1927）後脫離國民黨經過甚詳。[23]」

---

23 郭學虞：《王雲五的入黨與脫黨》，載臺灣《傳記文學》第 44 卷第 5 期。

印證王雲五在《岫廬八十自述》中的有關記敘，郭學虞的這段話是言而有據的。

王雲五在教育部任職期間先後與同盟會、國民黨辦的報刊和大學發生過密切聯繫，國民黨成立後不久，他便加入了，雖沒有直接從事過黨務活動，但曾經多方面支持過國民黨的主張，說明部分黨員開展政治活動。南京臨時政府北遷時，許多同盟會會員也隨之到達北京，分散在政府各部門，尤其在國會裏取得優勢席位，並在北京的文教和報刊宣傳方面也造成一定影響。王雲五在上海、南京、北京三地接觸過許多同盟會會員，政治觀點也受其影響，但他從未加入過同盟會。

1912 年 4 月以後，王雲五兼任北京《民主日報》撰述。其時，該報系同盟會在北京辦的機關報，同盟會改組為國民黨後，由國民黨掌管。原中國新公學學生朱經農任該報編輯，約請王雲五每周寫 3 篇社論，月酬 150 元，是王雲五在教育部所得 60 元俸薪的兩倍半，王雲五欣然應邀。這層「契約」關係維持約一年，直到報館遭查封為止，也就是說，王雲五前後共為該報撰寫社論一百四五十篇。其間，同盟會、國民黨與北洋政治勢力鬥爭很尖銳，因此該報社論政治色彩較濃。王雲五為了撰寫社論，悉心研究政治理論，尤其重視運用西方學說來比照國內政治現狀，「為文遂多引經據典，但所謂『經』與『典』，固非我國之『經』與『典』，而為外國學者之名著也[24]」。那時，國內政論分歧的焦點在於中央政府的體制問題，即實施責任內閣制還是總統制，實質是反對袁世凱獨裁還是擁護袁世凱做無冕之皇。王雲五寫的社論，宣傳擁護責任內閣制，反對擁袁派所堅持的總統

24　王雲五：《岫廬八十自述》，頁 54。

制，他本人不由自主地捲入了這場政治鬥爭。

　　責任內閣制是宋教仁向來所主張的，因含有將來限制袁世凱權力的意圖，在南京臨時政府時期被孫中山等同盟會領袖人物所接受。中華民國成立不久，宋教仁出任南京政府法制院總裁，負責憲法起草工作，把有關責任內閣制的思想寫入憲法。1912 年 3 月 1 日，孫中山頒佈具有憲法職能的《中華民國臨時約法》，規定民國政體由總統制改為責任內閣制。所謂責任內閣制，是由內閣總攬行政權力的政權組織形式，內閣由獲得議會多數席位的政黨或議會中構成多數席位的幾個政黨聯合組成；內閣首腦為總理，對議會負責；總統作為名義上的國家元首，對國務不負實際責任，而且無權否決內閣的決策。因此，議會中的多數黨形成「政黨內閣」後，往往執行該黨綱領或幾個黨共同接受的政綱。所以，《臨時約法》關於實施責任內閣制的法規，意在限制袁世凱的權力。1912 年 8 月，同盟會為了在國會中贏得多數席位，聯合統一共和黨、國民共進會、共和實進黨、國民公黨等組成國民黨。9 月，王雲五加入國民黨。這時，他已在《民主日報》上撰寫社論四五個月了，宣傳包括責任內閣制在內的政治主張，並開始應聘到國民黨所辦的大學裏任教。國民黨在 1913 年初的大選中獲勝，取得參、眾兩院 870 席中的 392 席，有望組建政黨內閣。袁世凱大為惱火，於 3 月 20 日指使刺客在上海火車站刺殺國民黨領袖人物宋教仁，開始公開鎮壓國民黨。國民黨在北京的《民主日報》被查封，該報主持人仇蘊存遭槍殺，編輯朱經農、金葆光均受驚擾。王雲五因用筆名撰稿，社論發表又不具名，而且平時他不去報館，得以幸免於難。

王雲五在北京兼任教職的大學，也與同盟會、國民黨直接有關。1912 年 9 月，經由朱經農介紹，王雲五兼任國民大學英文教授。這是國民黨在北京辦的一所大學，校長是湖南人袁雪安。去國民大學任教的動機，據王雲五後來自述說：「嗣以經農居間敦勸，我又想起前所教學校皆屬中等程度，現既有對大學生教書的機會，亦可為嘗試之一端，考慮後遂允之。」[25] 1913 年 8 月，因袁世凱鎮壓國民黨，國民大學改名為中國公學大學部，後又改稱中國大學，這一校名一直沿用到國民黨軍政勢力退出大陸。在這所大學裏，王雲五任教 4 年多，直到 1916 年離開北京南下。在教育部任職期間，王雲五兼職講課，課時不多；脫離教育部後，任該校專職教授。王雲五以教授英文課為主，後又加授政治學概論和英美法概況等課程，教材都使用英文本。在這所大學教書，王雲五圖的是名，不是為利。該校經費支絀，時常拖欠教師薪金，王雲五不與校方計較。直到 20 年代中期王正廷任校長時，才清理舊賬，發現積欠薪金甚多。王正廷致函歷任各有關教授，告以困難實情，希望他們以捐款方式放棄當年薪金。其時，王雲五已擔任商務印書館編譯所所長多年，收入頗豐，表示願將全部欠薪捐出，共計 1.1 萬元。

　　至於王雲五加入國民黨，可以說是水到渠成的事。他追述道：「元年（1912）九月我加入國民黨為黨員，因同盟會改組為國民黨，頗歡迎志同道合者加入。我既在國民黨的機關報及黨設大學任事，當然贊同其政治主張，經介紹後，欣然加入為黨員。」[26] 1913 年 3 月發生宋教仁血案後，孫中山領導「二次革命」，開展反袁鬥爭。袁世凱

25　王雲五：《岫廬八十自述》，頁 58。
26　王雲五：《岫廬八十自述》，頁 59。

政府開始查封各地國民黨機關，11 月宣佈國民黨為非法，相繼在國會、省議會中驅逐具有國民黨黨籍的議員。不少地區的國民黨人轉入地下，王雲五在這兩年中沒有以國民黨黨員的身份活動。1915 年 8 月起，籌安會鼓吹帝制，王雲五參與反對帝制復辟的活動，他說：「我其時仍留在北平，遂與少數在掩護中之國民黨員，常秘密集會，籌商對策，並決與反帝反袁之其它政黨人士，在共同的大原則下，彼此密切協商。例如進步黨之孫伯蘭（洪伊）先生便是我在此時接觸最密，而成為莫逆者之一。……在反帝制運動中，范先生（原教育總長范靜生）於其與蔡松坡等策劃之討袁運動中，派來北平的先遣代表亦與我作密切的聯繫。[27]」20 年代前半期，上海處於北洋軍閥勢力控制下，國民黨人未便公開活動，其時，王雲五已是上海文化出版界的名人，為國民黨人的活動做過聯絡，他作了這樣的記敘：「我借著商務印書館的掩護，時為各地國民黨員盡秘密聯繫之責。其時在北大的蔣夢麟君每次前來上海，輒由我為召集文化界許多重要黨員舉行座談。[28]」1927 年春，北伐軍向上海逼近之際，王雲五為國民黨傳遞消息，引起淞滬護軍使李寶璋的注意，遂聽友人勸說，去租界暫避風險。

從王雲五上述表現看，在國民黨反對袁世凱專制獨裁、反對軍閥的鬥爭中，他始終站在國民黨一邊，相機加入鬥爭，或做些秘密聯絡工作，但沒有加入過國民黨軍政組織，也未曾擔任過黨內職務。王雲五同文化教育界的國民黨員有較廣泛的聯繫，按照常情，在國民黨建立南京政權之後，他理應仍是國民黨的一分子。但是在國民黨重新登

27　王雲五：《岫廬八十自述》，頁 59。
28　王雲五：《岫廬八十自述》，頁 59。

記黨員時，他沒有去登記而自動脫黨了。1927 年南京國民政府建立後，國民黨在統治區內舉行黨員重新登記。王雲五的摯友朱經農去登記時，受到國民黨黨部工作人員的盤問挖苦，這些工作人員大多年紀很輕，有的還是朱經農的學生。當時朱經農在商務印書館任職，併兼光華大學校長。朱經農回到商務印書館編譯所，將登記時受毛頭小子窩囊氣的情景描述一番，勸王雲五前往登記時不必同他們計較。據王雲五自述，為免受「後生小子挖苦性的考問」，「決計放棄登記」，他接著表白道：「然我雖因未重新登記而喪失黨籍，仍將永為黨的友人，在黨與脫黨並無差別也。自此以後，我便永為無黨無派之人，遇事仍不斷以無黨之身為黨相助也。[29]」

　　是否僅僅為了避免「挖苦性的考問」，王雲五便主動放棄了國民黨黨籍呢？這是可以存疑的。王雲五那時已 39 歲，性格隨和，善於應變，小事能忍，大謀不亂，不至於清高到聽說幾個後生小子待人無禮，便輕率決定脫離國民黨。筆者認為主要原因在於他那時對政治暫時不很感興趣，脫黨比保持黨籍更有利。北伐軍興，革命形勢一度看好，但不久寧、漢兩個國民黨政權對峙，後來又冒出個國民黨廣州政權，國民黨內部的實力派各抱地勢，鉤心鬥角。何況，北洋軍閥還有相當實力，工農革命運動餘威尚在，國內形勢撲朔迷離。在這種形勢下，貿然跟隨國民黨南京政府「搞革命」，前途不明朗，他不願為此擔風險；其二，就他個人情況看，因為早年沒有加入同盟會，在國民黨內的資格不算老，重新登記入黨，這張黨票價值不大；其三，到1927 年他已經做了多年商務印書館編譯所所長，作為出版家，無黨

29　王雲五：《岫廬八十自述》，頁 60。

派的身份更有利於結交文化學術界人士；其四，國民黨在上海製造「四一二」慘案，商務印書館職工也受到鎮壓，並死傷若干人，館內多數職工包括眾多編輯，對國民黨的血腥鎮壓很反感。在這樣的環境下，王雲五放棄國民黨黨籍屬明智之舉。此後 10 年間，王雲五對國內政治基本上採取旁觀態度，潛心於出版事業。抗戰時期，他才重新問政、參政，以社會賢達的身份出現於政壇。自那時起直至他在臺灣去世，就政治態度和政治影響而言，大致起著無黨籍的國民黨人的作用，誠如他所說的那樣，「仍不斷以無黨之身為黨相助也」。

編譯股主任任內，翻譯資料數十萬言。擔任三省禁煙特派員，捲入收購外商鴉片的存土案，因「合法」拿回扣而被迫辭職。

儘管王雲五較早加入了國民黨，但他的黨派活動隱蔽而有節制，沒有影響他在北京政府的任職。1912—1917 年，他擔任過三種不同性質的官職。首先是在教育部任職，前文已有述評，不再重複。第二種職務始自 1914 年春，那時籌辦全國煤油礦事宜處剛成立，王雲五任編譯股主任。這份美差也是朱經農推薦的。朱經農在工商部任職，又是籌辦處督辦熊秉三（希齡）的內侄，為王雲五說話相當得力。這份美差好在不必坐班，沒有多少硬性規定的任務。王雲五去技術股找些有關煤油礦的英文論著，每天漢譯 2000 字上下，日積月累，一年多共譯了 70 餘萬字。這項工作不很重要。起初未引起熊希齡的重視，後來因王雲五奉命趕譯一份重要合約，熊希齡才對他刮目相看。其時，中美延長合辦油礦事宜的會商漸有眉目，美方由美孚石油公司擬就一份合約草案，將英文原件與中譯件送到油礦經理處。中譯件是上海的一家律師事務所翻譯的，經理處的幾位專家發現譯文佶屈聱

牙，辭意不明，而國務會議討論中美合約草案的日期已經臨近，該譯件根本無法作為討論用稿。經理處若干名專家雖然精通英語，但翻譯合約涉及法學與有關的技術專門知識，時間又緊迫，因而沒有人敢承擔重新翻譯的責任。朱經農獲悉此事，再次力薦王雲五。王雲五承接下這項任務後，日夜趕譯，提早上交譯稿，而且譯文辭意貼切，由此獲得熊希齡的賞識，月薪由 1000 元增加到 3500 元。王雲五後來回憶起此事時，極為自得：

> 我立即開始工作，從當日下午五時起，夜間僅睡二小時，迄次日午後三時，計實際工作二十小時，而成稿二萬六千字。……初時秉老與其顧問陳漢第覺餘所譯酷似中國法律條文，疑出自創意多於翻譯，及沖叔等校對原文，認為無懈可擊，始釋然，復愕然[30]。

初讀這段王雲五的自述文字，筆者也頗為「愕然」，20 小時譯 2.6 萬字，而且忠於原意，中文老練，這簡直是不可能辦到的。就筆者見聞所及，日撰稿或翻譯萬字者，已是快手中之佼佼者了，這近 3 萬字專業性很強的合約草案，怎能在 20 小時內譯得很完美呢？但通讀王雲五數百萬字的《岫廬八十自述》與《岫廬最後十年自述》後，便見怪不怪了。他在自述中常常津津樂道於年近八旬之際，每天撰寫專著萬餘字。倘若果真如此，實在堪稱「學界奇人」了。王雲五性格上有直言無忌的特點，有時敢於批評自己，但一寫到自己的才識能力便情不自禁，不免有自詡的嫌疑。比如，他在 80 多歲時，還時常說自己「日撰萬餘字」，但面對記者採訪，又多次感歎「手不能握筆」，其間的矛盾是明顯的。因而，讀他自述中傳奇性的內容，以及有些記

---

30 王雲五：《岫廬八十自述》，頁 61。

者渲染的有關他的傳奇故事，不可完全不信，也不可完全相信。但話又得說回來，王雲五知識博雜，持續工作能力強，也是人所公認的。他曾自修法學，又譯過數十萬字油礦技術資料，具備譯好那份草案的能力，只是在「快速」上有點言過其實。

在籌辦全國煤油礦事宜處工作的一年多時間裏，王雲五以翻譯資料為主，值得記敘的事情不太多。後來他出任禁煙特派員卻迭起波折，其間，既有消除腐敗的一面，也沒有忘記為自己積聚些錢款。後來，有些人宣傳他為官清廉，有些人指斥他假公濟私。是非曲直究竟如何呢？筆者盡可能客觀地述評，以求還原事實真相。

1916 年 6 月袁世凱因帝制失敗，羞憤病逝。黎元洪繼為大總統，段祺瑞任國務總理，政府各部人事相應也有一番變動，不一一贅述。其時，前任江蘇、廣東、江西三省禁煙特派員蔡乃煌已被粵軍首領龍濟光槍殺，三省禁煙特派員職位虛懸。財政部長陳瀾生（錦濤）係王雲五同鄉，有意推薦他繼任禁煙特派員，遂與內政部長孫伯蘭（洪伊）合計，在內閣會議上共同提名王雲五，獲通過。獲取這一職位，王雲五是具備一些有利條件的，他有在中央機關辦事的經歷，與某些政界人士建立了友情。袁世凱去世後，王雲五參加過的反帝制地下活動轉而成為光榮經歷，這也是一種政治資本。此外，廣東籍官員對王雲五的操守評價不錯，認為他清正廉潔，這是禁煙特派員應有的基本素質。王雲五對接受新職不免表白幾句，「我經過數度磋商與數日思考之後，由於平素具有一種不畏難之特性，輒認為天下無難事，既承各方藉重，卒勉允之[31]」。其實，不全是「勉允」。王雲五曾坦率

31　王雲五：《岫廬八十自述》，頁 65。

承認，這一職務的級別「與地方長官平行」，這對他是很有吸引力的。也就是說，他接受禁煙特派員，看重的是官階高，當時還沒有想到其中的經濟問題。

　　所謂三省禁煙特派員，所從事的要務並非立即徹底查禁煙毒，而是同洋藥（鴉片）商行商議如何購買存土。在此，有必要先把存土問題的來龍去脈交代一下。1906 年清政府頒佈禁煙令，規定 10 年內逐步禁止煙毒，到期後凡種植、吸食或販運鴉片者，均以違法論處。英國政府在國內外禁毒輿論的壓力下，於 1908 年 1 月同清政府達成協議，同意從印度輸入中國的鴉片每年減少 10%，以 10 年為限，至 1917 年終止向中國出口鴉片，中國政府將不再把鴉片列入外貿內容。1911 年，三省禁煙特派員蔡乃煌出面，與滬、港洋藥商行訂立《中英禁煙條約》，規定洋藥的銷售限於江蘇、廣東、江西三省，並逐步禁銷，從 1917 年 4 月 1 日起全面禁銷洋藥[32]。由於國內私土氾濫，戰事頻仍，洋藥的銷量少於預期的目標。幾家滬上的洋藥大商家於 1915 年提出，將已經輸入中國而未及銷售的煙土轉賣給中國政府，這就是所謂的存土問題。於是，北京政府的代表同滬上的洋藥商行達成購買 1500 餘箱存土的初步協定，每箱定價為 8200 兩銀。據《申報》報導，1916 年 12 月 19 日財政部致電大總統，稱所買存土作為藥品一案，國務院會議已作出決議，宜妥為解決。《申報》的報導還提到：「此項印土向係銷售江蘇境內為多，將來究竟存餘若干如何杜絕售吸，製造藥品，撥給債券以及收買價值均須妥為規劃。茲特由部電令禁煙特派員王之瑞專任此事，一切商承鈞處暨齊省長隨時會籌

32　參閱上海市禁毒工作領導小組辦公室、上海市檔案館編：《清末民初的禁煙運動和萬國禁煙會》（上海市：上海科學技術文獻出版社，1996 年），頁 372。

辦法，以策進行云云。旋由副總統派人到滬與部派特派員接洽。[33]」
報導中提及的「專任此事」的特派員王之瑞即王雲五，他當時在正式
場合使用的名字是前者（在下文的敘述中，為了方便讀者起見，概以
王雲五相稱）。購買存土的決策由國務院做出，作為禁煙特派員的王
雲五具體操辦以債券收買洋商鴉片事宜，包括商議價格、債券兌現等
事項，辦事若遇疑難，則由江蘇省「齊省長隨時會籌」，「以策進
行」。王雲五非但辦理收買存土的具體事項，還作為政府方面的三位
代表之一，在購買存土的合同上簽了字。他在自述中說：「馮副總
統、江蘇齊省長耀琳與我於四月一日與洋藥商行簽訂收買三月底存土
之合同。[34]」政府購買洋商鴉片一事外洩後，滬上報紙揭露存土案始
末，印證了王雲五的自述，「在購買存土合同上簽名者，洋藥公所方
面為霍華德氏，而中政府方面則蘇贛粵禁煙專員王、江蘇督軍馮與江
蘇省長齊三人也[35]」。

　　對於這段不光彩的經歷，王雲五辯解道，由於洋商堅持要求由中
國政府「購買存土製藥」，政府方面面臨三種選擇：一為政府立即以
公債收買全部洋商存土；二為 1917 年 3 月底提銷印土合約期滿後，
剩餘印土由政府以公債收買；三為 3 月底後，洋商將印土交中國政府
製藥，政府以售藥價之一部分補給洋商。王雲五贊成第三種意見，他
認為這樣做，政府損失較小。而兼任江蘇督軍的副總統馮國璋主張採
納第二種意見，馮的意見被中央政府認可。王雲五認為馮國璋的主張
不妥，但又解釋道：「我既受政府之命，復逼於情勢，雖與我的主張

33　《申報》，1917 年 2 月 24 日。
34　王雲五：《岫廬八十自述》，頁 69。
35　《申報》，1918 年 6 月 20 日。

不符，只得遵辦。[36]」其實，上述三種方法沒有實質性的區別，都主張以保護洋藥商行利益為前提，由中國政府購買存土，其間的細微差別僅是何時付款，一次性付清還是分期償付。政府以公債購買洋商存土，顯然與禁煙的宗旨不符，是喪權辱國的行為。在有關的屈辱條約上簽字，給王雲五歷史上留下了不光彩的一頁。當然，「受政府之命，復逼於情勢」，是他「遵辦」此事的客觀原因。但歷史評論，往往首重於幹了什麼，其次才探討為什麼這樣幹。王雲五參與購買存土，雖有客觀原因，他本人畢竟還是必須承擔部分責任的。

政府收買存土的內幕被報界揭露後，民情激憤，社會上一片譴責聲。新上任的國務總理段祺瑞則欲藉此機會打擊馮國璋，因為挪用公債購買煙土，沒有合法的依據。曾毓雋在《憶語隨筆》中披露北京政府借存土案展開鉤心鬥角的一幕：

馮因與蘇紳張謇等勾結英商，假製藥為名，將存滬之大批煙土一千六百餘箱，以民元公債票一萬萬元購出。用以製藥者少數耳，餘則官商夥同謀利。其中奧妙，我未參與，不得其詳。民元公債票係由財政部發給，彼時財政部長為曹汝霖，次長吳鼎昌，參預其謀。曹汝霖此時忽徵求我與徐樹錚入股，我與樹錚即據實告之段祺瑞。蓋曹汝霖不敢直陳於段，出此詭計誘我也。

段祺瑞獲悉馮國璋等人欲動用公債購買存土，立即派國務院顧問丁士源與司法行政部次長張一鵬從事調查，於是收買存土的合同暫停履行。中央人事糾紛，使存土案變幻莫測，王雲五感到無所適從，他

36　王雲五：《岫廬八十自述》，頁69。

憶述道：「因是遷延數月，迄是年秋間始奉准將善後事宜移交於彼時任江海關監督之馮國勳氏，其後收買存土案之如何結束，我亦不復過問矣。[37]」收買存土案的過程很複雜，幾經反覆，最後還是由政府買下了洋商的存土。政府方面的舉措，舉其要者如下。1917 年 1 月 16 日，馮國璋致電北京國務院，以製藥為由，敦促政府收買上海洋藥公所存土，並建議在江蘇、廣東兩省銷售。1 月 28 日，馮國璋等與上海煙土聯合社簽訂《收購存土合同》，規定收購存土 2100 箱，每箱 8200 兩規元，以中國政府 6 釐債券償還。2 月 11 日，國務會議通過該項合同。4 月 18 日，國務會議決議取消收買存土合同。此案擱置一年多後又「復活」了，1918 年 6 月 11 日，財政總長曹汝霖與上海煙土聯合社簽訂《收購存土第二次補充合同》，以民國元年（1912）6 釐債券全部收購該社 1577 箱存土[38]。

自從政府收買存土案被揭露後，輿論譁然，各政黨、社會團體對北京政府的決策展開嚴厲抨擊，斥責此乃「喪盡天良」之舉。全國禁煙聯合會通電全國，譴責政府花重金購買廢物，力請取消成議。英國政府迫於輿論壓力，也表示不干涉洋商與中國的鴉片貿易，從而使馮國璋所謂「中國不買存土必有國際交涉」之說沒有了著落。參、眾兩院也反對內閣喪權辱國的決策，眾多議員憤怒責詢內閣官員，要求政府另定補救措施，並查辦此案責任人。例如參議員丁世峰說：「政府收買存土有污國體，究竟何人發起？應追查責任。」眾議員王玉樹責問道：「禁煙既已期屆，政府何不肅清煙毒？為何不顧加重人民負擔，以重金購買存土？」一年多時間裏，反對政府收買存土成為國內

37 王雲五：《岫廬八十自述》，頁 69。
38 《清末民初的禁煙運動和萬國禁煙會》，頁 543-544。

熱點問題之一，滬上各團體的反響尤為激烈。而政府方面的「改良」舉措，僅僅是將每箱存土收購價由 8200 兩規元改為 6200 兩，仍以 6 釐債券支付，10 年內清償。在輿論一片譴責聲中，上任不久的總統徐世昌終於重申禁煙令，1918 年 11 月 19 日內閣決議燒毀存土，這是民國政府採取的最為堅決的一項禁煙措施。1919 年 1 月 17 日至 20 日在上海浦東陸家嘴燒毀了第一批存土 300 箱，1 月 25 日至 27 日燒毀第二批存土 1277 箱，其盛況有如當年虎門銷煙。在收買存土案期間，各地成立起禁煙會、拒毒會，此後仍堅持禁煙活動，並多次造成轟轟烈烈的禁毒聲勢。

禁毒，必須全面禁種、禁運、禁售、禁吸。民國政府對私土未採取有效禁止措施，對洋商存土又採用收買方式。存土案暴露出當時北京政府的腐敗黑暗。王雲五作為禁煙特派員，不負決策上的責任，但他執行錯誤決策，受到輿論指責也是理所當然的。存土案還涉及王雲五的為官作風和本人貪廉問題。1916 年 10 月，洋藥商行按照同前任特派員蔡乃煌打交道的慣例，向新任禁煙特派員王雲五提出，可以按洋藥售出價的 5% 給他手續費，由洋藥商行主持人簽具收條。王雲五覺得事有蹊蹺，查問結果，得知前任特派員蔡乃煌對於這項回扣隱瞞不報，私吞了五六十萬元。於是王雲五向上司揭露其中情弊，但他同時又向政府索要獎金，作為「養廉費」。他自述道：「是年十月間，我無意中發現前任特派員於歷年報效之款，託詞洋藥商行扣除百分之五手續費，報經政府照準，實則由特派員自飽私囊。經我與洋商交涉，化私為公，從本月起，一併繳解政府，但為員工養廉，特請政府

就此百分之五中撥其五分之一為獎金。[39]」財政部允許王雲五自由支配這筆「獎金」。王雲五自稱拿取了其中 3 萬餘元，其餘分給下屬官吏。3 萬餘元可不是小數目，在那時可抵普通官員十餘年的薪俸。王雲五得到這筆來自回扣的獎金，是經過政府批准的，可謂「取之有道」，但在收購鴉片過程中拿取好處費，實在是不應該的，在當時也引起了非議。王雲五對此類指責不以為然，將自己「合法」拿回扣，與前任蔡乃煌非法私吞作比較，從中求取良心的自慰：

在此舉中，我以個人可獨得之五六十萬元，換取全體人員共得之獎金十萬元左右，轉使人說我就此十餘萬元獎金中至少可得數萬元，這種風涼話，不免令人有些灰心。不過個人因此而心安理得，實覺此勝於彼[40]。

所謂「此勝於彼」，就是說，他「合法地」拿取了三萬餘元獎金，比蔡乃煌「非法地」貪污五六十萬元要好得多。如此辯解畢竟不能說明他自己沒有獲取私利。禁煙特派員發鴉片財，無論怎麼說都是瀆職，都是不道德的行為，何況他還是主動向政府索要的呢！王雲五在《自述》的另一處，還為此事表白自己的高尚，那就更出格了：「幸而自守，入污泥而不染，事實俱在，卒履險如夷，克保清白。得此經驗，後半生做人之哲理亦受不少影響也！[41]」他後來在多種場合作自我宣傳，他如何出於公心揭發蔡乃煌中飽五六十萬元，他自己如何憑良心只要回扣 3 萬餘元。由此造成誤導，有些臺灣作者把他不光彩的一頁描繪成亮麗的一頁。吳相湘寫道：「民國五六年擔任江西、

39　王雲五：《岫廬八十自述》，頁67。
40　王雲五：《岫廬八十自述》，頁68。
41　王雲五：《岫廬八十自述》，頁66。

安徽、江蘇三省禁煙特派員，王的清正公正，在這種工作上頗一新耳目。[42]」王雲五的年譜作者王壽南評論道：「先生此舉頗得洋商代表之敬畏。[43]」大陸作者提及王雲五這段經歷多持批評態度，如胡愈之指責他利用職權之便發國難財：「在這短短的時期中，靠販賣鴉片搞了很多錢，大約有幾十萬之巨。」並把這件事作為他「政治上也是一個很壞的人」的一個論據[44]。熊尚厚撰寫的王雲五小傳，認定他此舉為受賄：「王雲五任職數月，即將所獲賄賂在滬買了一座洋房，還收購了大量古今中外書籍。[45]」王雲五自稱，將收買鴉片所得回扣上報政府，是「化私為公」的一項善舉。其實他與蔡乃煌相比，區別只在於化一人之私吞為眾官員之間的分贓，非但王雲五和他的下屬從回扣中漁利，北京的官僚也從中分贓。據上海報界轉述英文報紙的述評，可見收買存土過程中官員的腐敗是普遍的：「英文滬報云：中國政府收買存土事內容逐漸暴露，事之可恥無過於此。聞北京官僚謀每箱漁利銀一千一百兩，以作留此毒物為害其國民之報酬。所定之價，表面上為每箱六千二百兩，而暗中回扣歸於高級官僚，馮代總統與段總理皆在其列。回扣之總數約為銀一百六十萬兩，土商每箱實得銀五千一百兩。[46]」在滬外國正義人士強烈譴責中國政府購買存土的荒唐舉措，並指責禁煙官員與政府最高級官員上下其手，牟取非利。1917 年 2 月 13 日，萬國改良會在上海四川路中國青年會召開禁煙大會，美國人吳板橋博士作長篇發言，先講述了他本人為禁煙而冒險奔走努力的經過，並結合清末民初官員借禁煙牟利，落得可恥下場，予以警告，

42　吳相湘：《出版家王雲五》，見臺灣《民國百人傳》，第 4 冊。
43　王壽南：《王雲五先生年譜初稿》，頁 88-89。
44　胡愈之：《回憶商務印書館》，見《文史資料選輯》，第 61 輯。
45　熊尚厚：《王雲五》，見《中華民國史資料叢稿·人物傳記》，第 21 輯。
46　《申報》，1918 年 6 月 13 日。

指出正在進行的收買存土案中，官員也有收受賄賂的問題：

> 蔡乃煌以辦理禁煙為名，開放三省禁運，以為搜括巨金之計。據予所聞，袁（世凱）得款十兆之巨，蔡亦所得不資，存諸外國銀行，致予多年（禁煙）計劃遂成畫餅。幸天鑒不遠，蔡遭粵官槍斃，此所謂惡有惡報之明證。袁心不良，也遭天譴。……有中國大員因受土商運動，已訂收買存土合同，馮副總統亦被牽涉。

自馮國璋以下，各式官員究竟從存土案中獲取多少非法錢款，其中黑幕，當事人不可能坦白，幕布也就不可能完全揭開。但有一點是可以肯定的，辦事人員在政府許給的「回扣」之外，收取洋藥商行私下賄賂的管道是很多的。上海報界經調查認定，所謂洋藥商行，「實為粵人居其大半之團體」，對中國官員行賄自不可免，行賄與受賄雙方當然都守口如瓶。我們雖然不能就此論定，同為廣東籍的禁煙特派員王雲五必定收受同鄉賄賂，但其間的疑問是存在的。例如，王雲五辭職後，在虹口購買一套頗為豪華的住宅，購書逾萬冊，而且連續 4 年在家看書，沒有薪金收入，還要贍養父母妻妾子女，僅僅靠三四萬元存款夠花嗎？

存土案激起公憤，報界將蔡乃煌與後任禁煙特派員「王之瑞」相提並論，猛烈抨擊。王雲五被迫於 1917 年 6 月 30 日提出辭職，同年秋，將「禁煙善後事宜」交由江海關監督馮國勳辦理。退出官場後，王雲五名聲不好，決定閉門讀書。據王雲五自己說，他在特派員任上「領取」了三萬餘元的獎金，加上歷年積蓄近萬元，共有存款四萬餘元，因而此後幾年的讀書生涯有了經濟上的保證：「按照我家的節約

生活，與那時的生活程度，實在可以閉戶讀書二、三年而無須擔任何種有給的工作。[47]」

1917 年，王雲五還辦了一件私事，有必要略作交代。這年春季，王雲五納正妻徐淨圃之妹徐馥圃（本名寶磬）為小妻（妾），據王壽南所作《王雲五先生年譜初稿》述評，王雲五在「此後數十年與兩妻相處融洽，先生自述云：『淨圃識大，馥圃謹小，各有所長，而對我外間業務均不稍過問。』[48]」

1917 年秋季起，無官無職一身輕的王雲五以讀書購書為樂事，大量購買英、法、德、日文著作，藏書達一萬多冊，天天在家看書。第一次世界大戰結束後，國際問題成為熱點，王雲五一度研讀　際關係和國際法，流覽各類歐美新著作，間或學習法文、德文。憑了天生的博聞強記和從小養成的苦讀習慣，王雲五的學識大為長進。在廣泛閱讀中，羅素的《社會改造原理》一書引起他很大的興趣，他邊精讀邊翻譯，完成二十餘萬字的譯稿。1920 年春秋之交，公民書局約請王雲五主編一套《公民叢書》。這是一家新開設的書局，由原中國公學的學生趙漢卿與友人合辦，以出版新編譯的圖書為主旨。趙漢卿很佩服舊日老師王雲五的才學，就請他策劃、主編一套叢書。這套叢書以王雲五翻譯的《社會改造原理》為第一種，其餘的譯本大多由王雲五選定原著，託人漢譯。按王雲五原先計劃，《公民叢書》分為國際、社會、政治、哲學、科學、經濟、教育七類，共選定 34 種書。王雲五實際主持此事約一年，先後出版二十餘種書。原計劃出版的書

47　王雲五：《岫廬八十自述》，頁 71。
48　王壽南：《王雲五先生年譜初稿》，頁 91。

名刊登在最早出版的《社會改造原理》中譯本一書中，並附王雲五撰寫的《編輯〈公民叢書〉旨趣》，茲摘抄一段如下：

> 吾人為何而讀書乎？要不外學為人之道耳。人各有對世界、對人類、對國家三種義務，故國際的、社會的、政治的知識為不可缺；人各有對精神、對物質二種關係，故哲學的、科學的知識為不可缺；他如生存所必需者為衣食，則經濟的知識尚焉；進化所必需者為發展，則教育的知識尚焉。凡此七端，有一或缺則為人之道不備，而在一國中亦不得謂為公民[49]。

這段文字，是對《公民叢書》為何分成七類的解釋。王雲五將知識欠缺提高到為人之道與公民資格的高度予以評論，又恢復了誨人不倦的為師之道。此時的王雲五，已逐步走出存土案的陰影，對文化出版事業傾注了關切之情。但他不再使用「王之瑞」作姓名，因為這三個字在存土案中已經壞了名聲，「王雲五」遂由別字成為正式姓名。還有必要補充提及的是，王雲五的確記取了存土案中回扣問題的教訓。此後 50 餘年，他主持過企業，當過大官，其經營方法和為官之道，在當時和後來都有大相逕庭的評論，但在個人經濟問題上，他一直保持清白，未再引起過非議。

49　見王雲五譯：《社會改造原理》（北京市：公民書局，1920 年）。

第二章

出任商務編譯所長

商務一度守舊遭抨擊，高夢旦懇請胡適進商務挑重擔。得到胡適鼎力推薦，王雲五躊躇滿志出任編譯所長。

商務印書館創辦於 1897 年。從晚清起，經歷民國全過程，直到全國大陸解放，商務印書館一直是我國出版界中最大的民資企業，對我國文化教育事業的發展起了積極推動作用。王雲五自 1921 年 9 月起進入商務印書館編譯所，同年年底主持其事，後來又擔任該館總經理。王雲五在大陸主持編譯所和館務前後達 25 年之久，這是他一生事業最為輝煌的時期。他銳意改革，奮鬥不息，與同人共同努力，多次把商務印書館救出困境，也為繁榮中國近代出版事業做出了貢獻。在他生命的最後 15 年裏，他以董事長身份主持臺灣商務印書館，中興臺館，促進臺灣文化事業發展，亦功不可沒。終其一生，與商務事業共命運達 40 年之久。

20 世紀 20 年代第一個年頭，王雲五仍在家裏讀書，唯一的「工作」是為公民書局主編一套叢書。幾乎已經被社會淡忘的王雲五，怎麼會好運突來，擔任商務印書館編譯所所長重任的呢？商務印書館的重要人物張元濟、高夢旦等的確沒有想到過要聘用他，甚至對他的學識才幹也沒有什麼印象。他們想聘用的人物是大名鼎鼎的胡適。王雲五進商務印書館的契機，來自於他的學生和摯友胡適的大力推薦。

1921 年春末，商務印書館編譯所所長高夢旦從上海來到北京，專程拜訪北京大學名教授胡適，一再表示他本人決定辭去所長職務，懇請胡適赴滬，去商務編譯所挑重擔（編譯所相當於今天的編輯部，所長相當於總編輯）。經過幾次面談，胡適曾對出任編譯所所長一事

表示過興趣，他對高夢旦說：「一個支配幾千萬兒童的知識思想的機關，當然比北京大學重要多了，我所慮的只是怕我自己幹不了這件事。」胡適當面答應，在暑期裏去上海，到商務印書館看看工作情況，再考慮一下自己「配不配」接受重託。但是胡適真正的顧忌，並不是自己「配不配」擔任編譯所所長，而是是否值得投身於出版業。他在日記中寫下了自己思想上的矛盾：「此事的重要，我是承認的：得著一個商務印書館，比得著什麼學校更重要。但我是三十歲的人，我還有我自己的事業要做；我自己至少應該再做十年、二十年的自己的事業，況且我自己相信不是一個沒有貢獻的能力的人。」[1] 7 月 16日，胡適來到上海，整個暑期都在上海，幾乎天天到商務印書館去，仔細觀察工作環境。高夢旦則把編譯所各部分工作向他作了詳細的說明，並介紹所中同事與他交談。商務印書館的元老鮑咸昌和張元濟、李拔可等人一而再、再而三地懇勸他留在編譯所工作。但胡適還是下不了決心，去從事為他人作嫁衣裳的編譯工作，他在日記中再次寫下自己的顧慮：「我現在所以遲疑，只因為我是三十歲的人，不應該放棄自己的事，去辦那完全為人的事。[2]」由於胡適遲疑不決，且有推託之意，高夢旦便問他，另有誰適合擔任所長。胡適當時沒有馬上回答，後來推薦了王雲五。胡適在〈高夢旦先生小傳〉一文中，回顧了「薦王自代」的始末，由於這篇文章是公開發表的，他不便寫自己不

---

1 《胡適的日記》（香港：中華書局，1985 年），1921 年 4 月 27 日。
2 《胡適的日記》，1921 年 8 月 13 日。關於胡適辭謝編譯所所長一職的原因，還有一種說法，認為他嫌待遇不高而不肯俯就。「到商務辦了三天公，他一看編譯所長的收入沒有教授多，不想幹」（陳達文：《胡適與商務印書館》）。商務印書館是否向胡適談過薪金待遇問題，至今無從稽考。據商務印書館的傳統，發給薪金多少視職位高低和貢獻大小而定，既然請胡適擔任所長，薪金不至於過分計較。即使胡適僅僅去編譯所「客串」一個半月，館方對他的待遇也十分優厚，胡適對商務的工作提了一些改革的意見，「為酬謝他提供的意見，商務贈以千元，胡收其半」（耿雲志：《胡適研究論稿》，成都市：四川人民出版社，1985 年，頁 383）。因此，待遇的因素，基本可以排除。

願擔任所長的真正原因，還是說自己「不配」：

> 我知道他（高夢旦）和館中的老輩張菊生（元濟）先生、鮑咸昌先生、李拔可先生，對我的意思都很誠懇。但是我研究的結果，我始終承認我的性情和訓練都不配做這件事。我很誠懇的辭謝了高先生。他問我意中有誰可任這事。我推薦王雲五先生，並且介紹他和館中各位老輩相見。……我特別記載這個故事，因為我覺得這是一件美談。王雲五先生是我的教師，又是我的朋友，我推薦他自代，這並不足奇怪[3]。

胡適的這篇紀念文章發表於 1937 年初，以紀念 1936 年 7 月 23 日故世的高夢旦。其時，商務印書館在王雲五的主持下已經取得了很大的發展，因此胡適完全有理由把「薦王自代」一事稱為「美談」。

胡適對王雲五的印象一直很好。1921 年夏胡適在上海度過暑假的日子裏，時常訪晤王雲五。7 月 23 日，胡適去王雲五家暢談了四個小時，王雲五談了自己許多經歷，加深了胡適對他的好印象，胡適在這天的日記中寫道：「他是一個完全自修成功的人才，讀書最多，最博。家中藏西文書一萬二千本，中文書也不少。他的道德也極高，曾有一次他可得一百萬元的鉅款，並且可以無人知道，但他不要這種錢，他完全交給政府，只收了政府給他的百分之五的酬獎。此人的學問道德在今日可謂無雙之選。今年止三十四歲。每日他必要讀平均一百頁的外國書。」所謂王雲五把一百萬元鉅款「完全交給政府」，其實就是王雲五在禁煙特派員任內上繳鴉片商所給回扣一事，前文已

3　胡適：〈高夢旦先生小傳〉，載《東方雜誌》第34卷第1號。

有述評。此事發生在 4 年半以前，胡適不瞭解內幕，對王雲五的表白居然深信不疑。胡適在第二天（7 月 24 日）的日記中再次提及王雲五的才學：「雲五先生讀書極博，他自己說他的好奇心竟是沒有底的，但甚苦沒有系統。」從 7 月下旬起，胡適便有意薦王雲五進商務印書館，以取代自己。8 月中旬，胡適正式向高夢旦推薦了王雲五。高夢旦很信任胡適，認為他推薦的人物肯定是優秀稱職的，同時，高夢旦還親自為此而去晤訪過王雲五[4]，所以也極力主張引進王雲五。商務印書館諸元老級人物不瞭解王雲五，起初感到很「詫異」。胡適對他們的「詫異」也感到出乎意外，他在 1921 年 9 月 6 日的日記中補敘道：「他們要我薦一個相當的人，我竟不能在留學生裏面尋出這樣一個人來。想來想去，我推薦了雲五。他們大詫異，因為他們自命為隨時留意人才，竟不曾聽見過這個名字！」儘管胡適在日記或公開發表的文章中，都強調推薦王雲五進商務印書館，是因為王雲五才學過人，又是他所敬仰的教師，但另有一個他沒有明說的原因，即感恩圖報——10 年前王雲五為失業中的他介紹工作，又幫助他復習官費留學必考的數學，時移境遷，他以留美博士身份進入北大，成了名教授，而恩師王雲五現在反處於失業狀態，怎能不鼎力相助、以報反哺之恩呢？

那麼高夢旦為什麼要辭去編譯所所長職務呢？表面的理由是，由於「五四」新文化運動的影響，西方各種學說在中國流行，於是高夢旦提出自己不識西方文字，難當所長重任，希望有懂外文、通西學的人物來替代自己。這種說法有一定的道理，也顧全了高夢旦和有關人

4　陳達文：〈胡適與商務印書館〉，見《商務印書館九十年》（北京市：商務印書館，1987 年）。

物的面子。蔣維喬在《高公夢旦傳》中，對此採取與高夢旦大致相似的解釋，「迨自民國八年（1919）『五四』運動，新思潮之狂潮普被全國。公自審不識旁行文，不適於編譯所所長」，「於是親赴北平，謁胡君適之[5]」。王雲五對這段經歷的述評，也以高夢旦的自我解說為前提，但觸及的層面更深一些：高夢旦「自己常以不懂外國文字為憾。商務書館受了新文化運動的影響，正努力出版有關新文化的書籍。高先生認為不懂外國文字的人，對於新文化的介紹不免有些隔閡。因此，屢屢求員自代。他看中了胡適之，盼望他能夠就商務的編譯所所長[6]」。其實，高夢旦提請辭職的真正原因，是商務印書館在新舊文化思想交鋒的形勢下，一度顯得落後，迫切需要通過除舊布新來改變形象。「五四」新文化運動興起後，陳獨秀主編的《新青年》領導著新思潮運動，北京大學充當起新進的思想庫的作用。而商務印書館辦的《東方雜誌》等幾家刊物卻從原先提倡西學的立場上倒退，不合時宜地宣傳東方固有文明，受到了《新青年》的抨擊。接著，北京大學創辦的《新潮》雜誌發表羅家倫撰寫的《今日中國之雜誌界》，斥責商務印書館辦的幾家雜誌鼓吹復古，逆時代潮流開倒車。商務印書館遭受輿論圍攻，聲譽日下，處境艱難。張元濟欲挽回商務印書館的聲譽，首先想起聘用北大名教授胡適。他在 1920 年 3 月 8 日的日記中寫道：「余與夢翁（高夢旦）談，擬設第二編譯所，專辦新事，以重薪聘胡適之，請其在京主持，每年約費三萬元，試辦一年。」那麼，高夢旦為什麼一年以後才北上請胡適主持編譯所呢？這是因為商務印書館內部發生了矛盾。張元濟急欲迎合時代潮流，認為

5　蔣維喬：〈高公夢旦傳〉，載《同舟》第 4 卷第 12 期。
6　王雲五：《岫廬八十自述》，頁 77。

商務總經理高翰卿「注重保守」。高翰卿是商務印書館創始人之一，張元濟是振興該館出版事業的第一功臣，兩人在館內均德高望重，並握有部分實權，矛盾衝突的結果，兩人都改任監理，不再過問具體館務。張元濟在 1920 年 4 月 26 日致親友信函中，對此作了如下解釋：

> 承詢敝處近日情形。弟之辭職確有其事，緣弟與總經理高君翰卿宗旨不合，弟意在於進步，而高君則注重保守。即如用人，弟主張求新，而高君則偏於求舊。隱忍五年，今乃爆發。嗣經董事會疏解，高君亦認弟之政策為是，並自行辭職，另推鮑咸昌，……高君與弟改任監理，專司指導監察，而不問公司之日行事件[7]。

張元濟不再主管編輯事務之後，由高夢旦接任編譯所所長。但高夢旦不長於西學，而且性格忠厚寬容，缺乏大刀闊斧搞改革的魄力與手段，經營編譯所一年，沒有大的起色，於是聽取張元濟、鮑咸昌等人的意見，請胡適出任編譯所所長。胡適到上海不久，即訪晤已「暌違」10 餘年的恩師王雲五，經過多次深談，覺得可以讓他嘗試做編譯所所長。王雲五對於自己的才學被「發現」，自己得到胡適的推薦，很感欣喜，他用習慣性的略微自詡的文字追述道：

> 他從前知道我讀書做事都能吃苦，又曾發現我在青年時期做過一件傻事，把一部《大英百科全書》從頭至尾讀了一遍。這次留滬，又知我十餘年來讀書做事的經過，和最近從事於編譯事業（按：即主編《公民叢書》）。不知道他怎麼決定下來，事前絕對未和我商量，徑把我推薦於高先生，作為他的替人[8]。

7　張元濟：〈復親友詢辭職緣由〉，見《張元濟書箚》（北京市：商務印書館，1982 年），頁 265。
8　王雲五：《岫廬八十自述》，頁 78。

胡適向王雲五提起推薦他進編譯所時，告以商務館將給他副所長的職務，並暗示可能有機會主持編譯所的工作。王雲五表面上謙虛過幾句，便當仁不讓了。他認為這項工作正合他的志趣，給了他施展才華、實現抱負的機會：

我呢，因為正想從事於編譯工作，如果能夠有一個大規模的出版社給我發展，那是無所用其客氣的。而且我平素有一種特性，對於任何新的工作或如何重的責任，只要與我的興趣相合，往往就大著膽去嘗試的[9]。

於是按口頭協議，自 1921 年中秋節起，王雲五進商務印書館編譯所見習。不到 3 個月，王雲五就提交了一份改進編譯所工作的意見書[10]。張元濟、高夢旦和若干名董事研究了意見書後，決定正式聘用王雲五擔任編譯所所長，並答應他以後將全力支持他搞改革。王雲五的意見書，多少受到胡適改革設想的影響。胡適曾仔細考察過編譯所的各項工作，並提出過若干改革建議[11]，而且胡適在正式向商務提出之前，還徵詢過王雲五的意見[12]。王雲五吸納了胡適的改革想法，結合自己的考察體會，具體化為意見書的內容。1921 年冬，王雲五正式就任商務印書館編譯所所長，立即實施「傷筋動骨」的改革。在他執掌編譯所和商務印書館的 25 年中，進行過多次有力度的改革，對於振興商務印書館，乃至對於繁榮近代中國的出版事業，做出了相當的貢獻。他自我評論道：「我經此次就職，實際上令我消費了二十五

9　王雲五：〈我所認識的高夢旦先生〉，載《東方雜誌》第 33 卷第 18 期。

10　王雲五：〈初長商務印書館編譯所與初步整頓計畫〉，見《商務印書館九十年》（北京市：商務印書館，1987 年）。

11　陳達文：〈胡適與商務印書館〉，見《商務印書館九十年》（北京市：商務印書館，1987 年）。

12　《胡適的日記》，1921 年 9 月 6 日。

年的心血，假使我尚有多少貢獻，則此二十五年的心血，似乎並不是白白消耗的。[13]」與王雲五有多年共事經歷的蔣維喬則認為，王雲五在商務印書館裏的威望，是在他進館 10 年後才樹立起來的，主要體現在 1932 年「一.二八」事變之後的復興商務館一事上，而且離不開高夢旦等人的鼎力相助：

> 初用王時，公司舊人皆驚疑，嗣王任總經理，倡為科學管理，職工亦多不滿。迨「一.二八」以後，公司總廠及東方圖書館悉遭炸毀。王不辭勞怨，不惜生命，卒成復興之功，然後公司內外皆信公（高夢旦）之知人善任，有非常可及者在也。……公司被毀時，公以退職之身，被髮纓冠，倉皇赴救，忠心耿耿，幾忘寢食。雲五之得成復興事業，公亦與有力也[14]。

蔣維喬在教育部與王雲五共過事，他任教育部參事時，地位在科長王雲五之上，曾因看不慣王雲五與兼署教育總長陳振先過從甚密，借中央學會案提出辭職。蔣維喬後來脫離教育部，在商務印書館編譯所任職時間較長，對王雲五的人品及某些改革舉措，時常有些微詞。倘以事業成敗作為評論人物的主要依據，王雲五在 1946 年以前經營商務印書館的業績是較為輝煌的，即使在商務頭 10 年的工作，通過改革所取得的成績也是顯著的。其舉措與成效，下文將會述說。毋庸諱言，他的若干舉措曾損及部分職工的利益，遭到過抵制，但不必因這些而否定「科學管理」中的合理成分。

商務創業人經營有方，事業蒸蒸日上。拒絕日商染指管理，堅持

13　王雲五：《岫廬八十自述》，頁 78。
14　蔣維喬：〈高公夢旦傳〉，載《同舟》第 4 卷第 12 期。

收回外股。遭暴徒狙擊，發起人夏瑞芳捐軀。

在王雲五執掌編譯所大權之前，對商務印書館的發展起最重要作用的人物，先後是夏瑞芳和張元濟。作為商務印書館主要發起人之一，夏瑞芳在擴大商務規模、改進技術、引進人才等方面，做了大量工作，從而使商務印書館發展成為技術設備先進的印刷廠兼書局。張元濟則創設編譯所，注重於編寫教科書，印行古籍精品，譯介西方近代學說，為商務印書館出版事業走向現代化開創了良好局面。王雲五後來在商務印書館取得的成就，與夏瑞芳、張元濟兩代人奠定的堅實基礎是密切相關的。

開辦於 1897 年的商務印書館，全稱為「商務印書館股份有限公司」，是純粹的民營企業，前期曾有過幾年與日商合資的經歷，但從來沒有「官股」加入。關於商務印書館創始人的身份及發起動機，由於年代久遠，缺乏當時的檔案資料，後來人們撰文涉及商務創業史，往往以商務創業人之一高翰卿在 1935 年所作的《本館創業史》演講詞為重要依據。據高翰卿說，商務主要發起人是夏瑞芳和鮑咸恩，他倆此前在捷報館做英文排字員，因不堪忍受英籍上司的傲慢作風，遂萌發自己搞事業的想法。據《本館創業史》所述：「捷報總經理兼編輯是英人 Mr.O Shea，脾氣極壞，對工友非常看輕，怠慢之事又是常有。三四十年前，西人那種不可一世，輕視華人的心理，是很顯著的。夏、鮑二先生在捷報館裏極為痛苦……想謀一條出路。」於是他倆創議辦印書房，集資 3750 元，最早的入股者與投資情況為：沈伯芬 1000 元，夏瑞芳、鮑咸恩、鮑咸昌、徐桂生各 500 元，高翰卿、

張蟾芬、郁厚坤各 250 元[15]。王雲五在 1953 年作《張菊老與商務印書館》一文，認為商務「發起人是專印教會書籍的美華書館四位職工高鳳池（高翰卿）、夏瑞芳、鮑咸恩、鮑咸昌。高、夏兩先生是職員，咸恩、咸昌兩先生是技術工人領班[16]」。王雲五的說法與高翰卿的敍述大致相似，但在商務主要發起人及其職業狀況方面略有些出入。由於王雲五的這篇文章寫得較晚，是在他去了臺灣後才寫的，發表於臺灣有影響的雜誌《傳記文學》，又收入他本人編寫的《談往事》一書，臺灣作者提及商務早期歷史時多採用他的說法。比較而言，高翰卿關於商務印書館發起人的陳述可信度更高些。高翰卿本人就是商務印書館最早的投資者之一，他以《本館創業史》為題發表演講時，參與創辦商務的人士大多還健在，可利用的館史資料也較多。近年來大陸的作者敍及商務印書館創業歷史，大多參照高翰卿的演講記錄稿。

對於發起人的創業動機，王雲五側重於從「謀利」的角度分析，而且認為他們是先搞出版，然後才重視印刷業務的。他在《張菊老與商務印書館》一文中論述道：「他們對於當時學英文者都採用英政府為印度編著的所謂印度英文讀本，Indian Readers，畢竟有新的眼光，能夠獨出心裁，認為如能把這套純英文的讀本，譯注中文，印為華英對照的教科書，定然對初學英文者有很多便利，因此也自然有利可圖。」於是，他們請中國籍牧師謝洪賚將這套讀本的第一冊譯成中文，定名為《華英初階》，通過集資印刷，「初版三千冊，一星期內便銷售罄盡」的確發了點小財。他們受了此項鼓勵，便決定經營一種新的事業，利用他們對於印刷技術上和營業上的專長，開辦一個小規

15　高翰卿：《本館創業史》，見《商務印書館九十五年》（北京市：商務印書館，1992 年）。
16　王雲五：〈張菊老與商務印書館〉，載臺灣《傳記文學》第 4 卷第 1 期。

模的印刷所，而兼營出版事業。這一新事業，定名為商務印書館」。出版《華英初階》，確是商務印書館早期開拓業務的重要舉措，但王雲五的這篇文章在時問順序上搞錯了。實際情況是，商務印書館創辦起來後，才由易而難，逐次開拓業務的。最早的業務是印製名片、廣告、簿記、帳冊等，編印《華英初階》等書籍是此後才發展起來的業務。

商務印書館最初設在江西路北京路南首德昌里末弄 3 號，租用 3 幢兩廂房連庇屋，因資金不足，「僅置備三號搖架三部、腳踏架三部、自來墨手扳架三部、手撤架一部」，以及中西文鉛字等物品，由夏瑞芳、鮑咸恩主持該館事務[17]。由於這一機構以印製辦公用品為主，功能相當於一家印刷廠，但那時國內還沒有「印刷廠」這一專用名詞，因而以「印書館」稱之。「印刷廠」的名稱，是後來從日本傳來的。1898 年夏，商務印書館遷到北京路美華書館西首的慶順裏口，共有房屋 12 幢。總經理夏瑞芳經營有方，在遷址前收買了日本人辦的修文書館，增添了許多設備，「凡大小印機、銅模、鉛字、切刀、材料，莫不完備，於是大加擴充，宛然成一有規模之印書房，除自用外，隨時零售，賺錢不少。商務之基礎穩固乃發軔於此[18]」。遷到北京路的第二年，商務印書館開設了滄海山房，延請老書坊中傑出人才俞志君、呂子泉、沈知方等進館。在北京路的幾年裏，商務印書館編印書籍的業務發展起來，出版了不少暢銷的書，如《華英字典》、《華英初階》、《華英進階》、《國學文編》、《亞洲讀本》、《通鑒輯覽》、《綱鑒易知錄》等。正在事業漸趨興旺之際，1902 年 7 月

17　高翰卿：〈本館創業史〉，見《商務印書館九十五年》。
18　高翰卿：〈本館創業史〉，見《商務印書館九十五年》。

商務印書館忽遭火焚，所有機器設備盡毀於大火。幸而商務館新近購買的機器做過火災保險，得到一筆為數不小的保險費，於是在福建路海寧路口購地建造印刷廠，發行所則暫時遷往河南路。兩年後，商務在寶山路東段建成總廠。至此，商務印書館已形成了頗為宏大的格局。何炳松在《商務印書館被毀紀略》一文中，對這時商務印書館的規模作了概要憶敘：「光緒三十年（1904）本館擇地上海閘北寶山路東建築大規模之總廠，佔地凡八十餘畝，為總務處、印刷所、編譯所、尚公小學，以及日後另設之東方圖書館等所在地。復於棋盤街新建發行所。基礎至是益固。[19]」此後若干年內，商務印書館每年都有新建築，印刷所開設了 5 個，各種機器增加到 1300 餘臺，並擁有新式的大型滾筒機，每天可印書 10 餘萬冊，而且編輯力量得到加強，書籍出版的種類多、發行量大，商務印書館遂成為國內最大的出版機構，在東亞也位居第一。

商務印書館設備更新、技術精進的一個契機，是同日商金港印刷公司合資經營。中日合資始於 1903 年，當時日商與商務印書館各出資 10 萬元，監察兩人由日方、中方各出一人擔任，但經理和董事都是華人，因而經辦商務印書館的主權一直掌握在華商手中。也就是說，商務印書館始終未改變民族資本企業的特點。總經理夏瑞芳聘請日本技師襄助印刷業務，「關於照相落石，圖版雕刻——銅版雕刻，黃楊木雕刻等——五色彩印，日本都有技師派來傳授[20]」。中日合資後，商務印書館的印刷技術得到很大的改進，使用三色版提高了生產效益，五色彩石印製作的產品鮮豔精美，商務的印刷技術在國內同業

19 何炳松：〈商務印書館被毀紀略〉，載《東方雜誌》第 29 卷第 4 號。
20 高翰卿：〈本館創業史〉，見《商務印書館九十五年》。

中處於領先地位。由於商務印書館陸續將部分設備轉售給其它出版印刷企業，允許技術工人流動，對我國近現代印刷技術的多管道發展起了推動作用。商務印書館的業務蒸蒸日上，發展勢頭看好，日商為了獲取更大的利益，提出分享商務的經營管理權。總經理夏瑞芳認為，經營管理權關係到企業的聲譽，遂予以堅韌的抵制。1912 年，夏瑞芳提出商務印書館要收回外股，日方不同意。經過兩年艱苦的交涉，雙方終於在 1914 年 1 月 16 日簽定了收回日商股份合約。從此以後，商務印書館的資本純為華人所有。「利用外資而不為外資所束縛」，成為商務的美談。夏瑞芳執意要收回日股，與當時國內民族主義情緒高漲、商務印書館在業務上又受到中華書局的挑戰是有很大的關係的。成立於 1912 年的中華書局，從開張之日起就同商務印書館展開激烈的競爭，「拉機器，拉人力。那時書的銷路和政治很有關係，商務有日本人的股子這一個弱點被中華抓住了，這在民族情緒高漲的當時是很不利的，直接影響了書籍的發行」。在這種特殊的競爭壓力下，夏瑞芳積極設法「擴大華股，收回日股[21]」。令人扼腕的是，收回日股的合約簽訂 6 天後，與日方洽談的夏瑞芳遭暴徒狙擊，當場受重傷，經搶救無效而去世。夏瑞芳生前沒有私仇，因此兇殺案必定有複雜的背景。商務印書館多數前輩推測，這一兇殺案起因於日商報復，其理由為：日商認為他們提供了先進的印刷技術，應該得到高額回報，對於夏瑞芳堅持收回日股的做法極為不滿，兇殺案又發生在簽約後的一周之內。因而，從邏輯上推論，日商策劃兇殺案的可能性的確很大。另有一種說法，認為夏瑞芳兇殺案是由陳其美的部屬搞的，蔣介石與此有關係。1913 年革命黨人展開反對袁世凱的「二次革

21　胡愈之：〈回憶商務印書館〉，見《文史資料選輯》，第 61 輯。

命」，陳其美於 7、8 月間借助上海幫會勢力攻打南市的製造局。據章錫琛《漫談商務印書館》一文敘述，陳其美的部屬兵敗後，打算退往閘北整頓。夏瑞芳深恐閘北發生戰爭，殃及商務印書館和他投資的幾家紡織廠，遂請租界當局派遣萬國商團在閘北入口處佈防。陳其美的部屬不能進入閘北，借軍餉又遭到商務印書館負責人的拒絕，由此結怨。後來，陳其美的部屬寫信警告夏瑞芳，不久就發生夏瑞芳在河南路商務發行所被刺案，「兇手在泗涇路被巡捕逮捕，據他在會審公廨供認，係受陳其美指使，因此不敢追究[22]」。另據胡愈之《回憶商務印書館》一文所敘：陳其美殘部欲在閘北寶山路口架設大炮，夏瑞芳面請租界當局干涉，移去大炮，「陳其美部屬的借軍餉一事亦全告失敗，因而懷恨在心，終於採取了暗殺手段。據說，當時執行槍殺夏瑞芳的兇手，就是蔣介石」。夏瑞芳為維護商務印書館的權益而獻出生命，這是確定無疑的。至於他死於日商報復還是陳其美部屬洩憤，由於缺乏過硬的史料作佐證，至今尚難論定，仍是「歷史之謎」。

夏瑞芳任商務印書館總經理前後 17 年，長袖善舞，經營有方，在各地重要城市開設商務分館 20 餘處，有力地促進了行銷業務，擴大了商務印書館在全國的影響。夏瑞芳為人寬宏大度，頗得人心。他本人雖然不是文人出身，但尊重人才，樂於引進人才，有時為此不惜重金聘用。例如，張元濟在南洋公學任譯書院院長時月薪 100 兩銀子，夏瑞芳為了引進張元濟，給他的月薪高達 350 銀圓。編譯所成立後，夏瑞芳對所中編譯人員格外尊重，「尊稱他們為『老夫子』，讓工友稱他們為『師爺』。在物質上，也給以優厚的待遇」，「除月薪

22　章錫琛：〈漫談商務印書館〉，見《文史資料選輯》，第 43 輯。

外，還供給膳宿，連茶葉、水煙都供給，因而來到商務印書館的知識分子，都願意為商務印書館努力工作[23]」。夏瑞芳不幸遇難，是商務印書館的一大損失，也是中國近代出版業的一個不幸。

張元濟創設編譯所，推出《最新教科書》，印行古籍精品，介紹近代西學，為商務事業打下良好基礎。

夏瑞芳遇刺去世後，即由高翰卿、張元濟主持商務印書館大政，以高夢旦、李拔可、陳叔通等為助手。張元濟是夏瑞芳引進人才中最為優秀的人物，對商務事業的進一步發展，起了承上啟下、繼往開來的關鍵作用。他後來與王雲五長期共事，王雲五稱張元濟為「摯友」，把自己列為張元濟在商務印書館的三名知交之一。王雲五後來在《張菊老與商務印書館》一文中說：「就他（張元濟）以商務印書館為中心的六十年來說，夠得上做他朋友的只有三個人，依時期的順序，第一位是高夢旦先生，第二位是我，第三位即是陳叔通。」王雲五對張元濟的敬重之意，即使在他倆政治上分道揚鑣之後也未改變，只是對張元濟在上海解放前夕「投靠」共產黨覺得「可惜」。王雲五寫的最後一篇跋文，也是他一生所撰寫的最後一篇文章，就是在他去世前一個月為紀念張元濟而寫作的。

張元濟，字筱齋，號菊生，浙江海鹽人，出身於書香之家，在晚清應科考連連奏捷，24 歲便進士及第，選翰林院庶起士，歷官刑部主事、總理各國事務衙門章京。雖然貴為進士出身的京官，張元濟對新思潮卻很感興趣，參加張之洞組織的強學會，關心維新運動。1898

23　賈平安：〈記商務印書館創始人夏瑞芳〉，見《商務印書館九十五年》。

年 6 月 16 日，張元濟應光緒皇帝召命，面呈辦理北京通藝學堂等意見。張元濟與康有為領導的戊戌維新運動沒有直接的關係，但戊戌變法失敗後，他還是被牽累，受到「革職永不敘用」的處分。光、宣年間時勢發生變化，清廷一再起用他，「命為郵傳部參議、學部副大臣」，他均婉謝不就[24]。受革職處分後，張元濟欲赴滬謀事，李鴻章寫信託盛宣懷為他謀一職位，盛宣懷介紹他去南洋公學（交通大學前身）[25]。在南洋公學，張元濟「先後任譯書院院長和監學等職[26]」。早在 1901 年張元濟就以購股方式投資商務印書館，夏瑞芳則一再勸請他進商務編書。張元濟一時下不了辭去南洋公學職務的決心，於是向夏瑞芳推薦蔡元培去商務辦編譯所，蔡元培答應在館外編書。張、蔡私交甚篤，兩人都是浙江人，鄉試、會試均屬同年，又同入翰林院，戊戌政變後都避居上海。王雲五對張元濟進商務印書館一事也有所評說：夏瑞芳等一心要物色一位學識博大精深的學者主持編輯事宜，「他們以為菊老不只在舊學方面是一位太史公，即在新學方面亦多淹通，而且經過幾年間和福開森博士交互教學之後，對於英文也有相當造詣」，於是竭誠邀請，並為張元濟進館特地設立了編譯所[27]。1902年，張元濟毅然辭去南洋公學職務，擔任商務印書館編譯所所長職務。

出版教科書，是商務印書館編譯所早期的重要工作，社會影響極為廣泛。從理論上講，教科書是按照國家規定的課程設置和教學大綱編寫的教學用書。清末教科書的編訂正式納入中央教育行政管理體

---

24 〈張元濟書箚〉，頁 277。
25 林斌：〈張菊生王雲五與商務印書館〉，載臺灣《暢流》第 40 卷第 7 期。
26 張樹年：〈我與商務印書館〉，見《商務印書館九十五年》。
27 王雲五：〈張菊老與商務印書館〉，載臺灣《傳記文學》第 4 卷第 1 期。

制，始於 20 世紀初清廷推行的「新政」。清政府規定各科課本「須用官設編譯局編纂，經學務大臣奏定之本」；若民間書局等自編教科書，「須呈學務大臣審定，始準通用」；在編書局出版教科書以前，「准由教員按上列科目，擇程度相當而語無流弊之書暫時應用，出書之後即行停止[28]」。其實，在清政府推行「新政」之前，南洋公學和商務印書館已先後出版過教科書。1897 年，南洋公學譯書院率先編印《蒙學課本》，內容「專取習見習聞之事物，體例仿照國外課本，使用淺近文言」。編這套課本的宗旨是使學童「由已知達於未知」。同年，南洋公學還出版了《筆算教科書》、《物理教科書》、《本國初中地理教科書》[29]。儘管當年南洋公學印行的教科書種類尚不齊全，內容也有粗糙之處，但開了風氣之先，有篳路藍縷之功。張元濟作為公學譯書院的院長，也參與主持其事。自從主持南洋公學譯書院的張元濟調入商務印書館，編印教科書的中心也轉移到了商務印書館。張元濟主持編輯《最新教科書》之際，首先重視延攬時彥名流、專家學者，先後聘請過蔡元培、吳稚暉、朱經農、胡適、蔣維喬等著名學人編寫教科書。其中，蔡元培在編寫早期商務版教科書中起了很大的作用。蔡元培擔任商務館館外編譯，張元濟與蔡元培商議後，達成一致意見，「主要由蔡先生定國文、歷史、地理三種教科書的編輯體例和要求。決定由愛國學社教員分科從事編寫，蔣維喬編國文，吳丹初編歷史、地理[30]」。這套教材還有修身課本。修身課本的初小 10 冊由張元濟編，高小 4 冊由高夢旦編。他倆編的小學修身課本，完全擯棄了「君為臣綱、父為子綱、夫為妻綱」的封建倫理說教，強調社會成員

28　舒新城：《中國近代教育史資料》中冊（北京市：人民教育出版社，1980 年），頁 515。

29　李華興主編：《民國教育史》，頁 481。

30　汪家熔：〈蔡元培和商務印書館〉，見《商務印書館九十年》。

和家庭成員之間的平等關係，對於「仁義禮智信」等傳統道德，則吸取其中合理部分，結合時代特點加以發揮，清除宋、明理學家添加的封建道德觀。

中學修身課本由蔡元培編，理論色彩較濃，注重思辨與觀點創新，「前四冊講述倫理關係的各個專題，第五冊講述倫理學[31]」。中小學修身課本，吸收西方資產階級進步的學說，都主張以自由、平等、博愛為原則處理人際關係，以反封建的倫理道德觀統率成套修身教材，這在當時是具有進步意義的教材改革舉措。新編教科書涉及科目較多，按編成的時間先後陸續出版。最先出版的一種印行 4000 冊，幾天內就銷完了。第一炮打響後，引起教育界的關注，其它各科的教科書都暢銷於各地。此後數十年，包括王雲五任編譯所所長和商務總經理時期，商務出版的教科書長期執全國之牛耳。何炳松在《商務印書館被毀紀略》一文中，扼要地敘述了商務印書館在國內教材建設方面的具體貢獻：

是就教材之供給論，清季興學時則出版《最新教科書》，民國成立時則出版《共和國教科書》，國民運動興起時則出版《新法教科書》，學制改革時則出版《新學制教科書》，國民革命告成時則出版《新時代教科書》，最近國民政府頒佈課程標準時則又出版《基本教科書》，無不適應潮流，風行全國。

王雲五於 1927 年撰寫〈本館與近三十年中國文化之關係〉一文，對於商務印書館緊隨學制改革，及時出版新的教科書，推進國內

31　汪家熔：〈蔡元培和商務印書館〉，見《商務印書館九十年》。

教育改革，作了高度的評價，同時也充分肯定了張元濟主持編譯所時期，在編印教科書方面做出的重大貢獻：

> 二十餘年來，由第一次所編之《最新教科書》，進至現今之《新學制教科書》。學制經一度之革新，我館輒有新教科書之編輯，以應其需要。議學制者猶坐而言，我館即已起而行。且政府做事遲緩靡費，遠過私人經營。民國以前，供給教科書者只本館一家。苟無本館，則全國教科書勢非由政府自編自印不可。……我館所編教科書，向雖以小學及尋常中學為限，然近年已漸擴範圍，舉凡高級職業、高級中學、專門大學之教科書，均陸續編印[32]。

王雲五的述評有不夠嚴謹之處，如「民國以前，供給教科書者只本館一家」之說，與實際情形有些出入。清廷學部於 1906 年設立編譯圖書局，專門負責編纂和審定教科書，先後出版的部編教材有《初等小學國文教科書》、《初等小學修身教科書》、《國民必讀課本》等。經清政府審定而且流行較廣的教材，「大體包括商務印書館的成套《最新初等小學教科書》，文明書局的蒙學、修身等教科書，直隸學務處編印的《心算教授法》，南洋公學刊行的《初等小學讀書》等。此種情況，一直維持到清廷覆亡」[33]。儘管在民國以前出版教科書不限於商務一家，但商務印書館出版的《最新教科書》，其品質之高、影響之廣，在晚清是無與倫比的。即使官方的部編教材，在編輯大意上也參照商務印書館出版的教材。商務印書館在清末齣版的教科書，內容新，品質高，應用範圍廣，對於我國傳統教育向近代教育的轉化

32 王雲五：〈本館與近三十年中國文化之關係〉，原載《商務印書館三十年紀念刊》，轉引自《商務印書館九十五年》。
33 李華興主編：《民國教育史》，頁 484。

所起的作用是頗為顯著的。

1912 年 1 月 19 日，新生的南京臨時政府教育部頒佈《普通教育暫行辦法》，規定：「凡各種教科書，務合於共和民國宗旨，清學部頒行之教科書一律禁用。」此後，民國政府多次頒佈教育法令，規定修改教科書的細則。重新編寫教科書已是大勢所趨。商務印書館集中了數十名編譯人員，由張元濟主持，趕緊重編教科書，於當年出版了成套的《共和國最新教科書》，其中包括小學教材 16 種、小學教員教學參考書 16 種、中學教材 23 種、中學教員教學參考書 9 種，科目分為 6 類，即修身、國文、歷史、地理、算術和理科，其編輯要旨是「各科相互聯絡，期教授之統一；力求淺顯活潑，期合兒童心理，不以好高騖遠致貽躐等之弊」。為了適應劇變的時局，以增強市場競爭力，商務印書館編的這套教科書「突出民主共和宗旨，應用淺近文言，並配有圖片，給人耳目一新之感[34]」。其時，王雲五尚在民國政府教育部供職，當然沒有參加商務印書館的教材編寫工作，但對商務印書館能適應時勢變化，及時推出新版教科書的做法很為激賞，後來他在〈本館與近三十年中國文化之關係〉一文中，對商務印書館順應時勢變化而進步的出版方略給予很高的評價：

辛亥國體改革，而國民之思想一變；民八（1919）「五四」運動，而文化之傾向一變。由是以觀，則政治上每經一度之變動，文化上輒伴以相當之改進。而對此改進之工作，三十年間不絕讚助且讚助最力者，其唯我商務印書館乎。

---

34 李華興主編：《民國教育 史》，頁 486。

然而，商務印書館面臨的競爭也是很激烈的。《共和國最新教科書》出版前後，已受到中華書局同類出版物的嚴峻挑戰。中華書局於1912 年 1 月與中華民國同時誕生，其創辦人陸費伯鴻原先是商務編譯所的編輯，十分熟悉商務印書館的內部情況。陸費伯鴻預料辛亥革命必能成功，教科書也將因改朝換代而重新編寫，於是調集編輯力量搶先編寫，在商務印書館推出《共和國最新教科書》之前半年，中華書局便出版了《新中華教科書》。商務版《共和國最新教科書》雖然印行稍為晚了些，但憑了商務印書館良好的聲譽，後來居上。這兩套教科書奠定了民國初年中、小學新式教科書的基礎，被各地學校普遍採用。

　　商務印書館在清末民初屢屢推出新版教科書，皆由張元濟主持其事。張元濟的另一項業績是收藏圖書，出版古籍精品。張元濟向全國各地收集藏書，尤其重視珍稀版本的搜集，並創設涵芬樓，用於珍藏善本。張元濟搜集圖書，起先是為了給編譯人員作參考用，後來又用於古籍的整理出版。「對於海內善本孤槧，名畫碑帖，世界名著，兼收並蓄，庋藏尤富，以之影印發售，不必自珍，嘉惠士林，有裨學子，厥功甚偉[35]」。尤其是涵芬樓珍藏的精品，對於商務編譯人員遴選善本、校刊出版古籍起了關鍵的作用。孫毓修為《涵芬樓秘笈》起草的「緣起」一文，對此論述頗得要領：

　　古書善本，浸銷浸亡，此自不可逃之理。惟賴好事之家，鄭重翻印，繼續流通。敝館深體此旨，爰出涵芬樓所蓄秘笈世無傳本者，校正印行。紙墨裝潢，力求精善，使愛古者不至薄今，垂絕者賴以續

<hr>

35　林斌：〈張菊生王雲五與商務印書館〉，載臺灣《暢流》第 40 卷第 7 期。

命。念千狐之腋，非俄頃所能成，因仿《知不足齋叢書》之例，刊成八本，區為一集。歲行月布，以副海內先睹為快之心[36]。

在張元濟主持下，商務印書館從 1916 年影印《涵芬樓秘笈》開始，連續輯印十大種古籍圖書，計有《四部叢刊》、《續古逸叢書》、《道藏》、《續道藏》、《道藏舉要》、《學津討原》、《選印宛委別藏》、《百衲本二十四史》、《四庫全書珍本初集》、《景印元明善本叢書》。其中，輯印《四部叢刊》和《百衲本二十四史》，是我國出版業的一件大事，對我國文史建設所做的貢獻尤為巨大。這兩種書的完整出版，延續了很長時間，一直到王雲五先後主持編譯所和總理館務階段始告完竣。《四部叢刊》於 1919—1922 年陸續編印完成，《百衲本二十四史》則在 1930—1936 年印成，這是因為二十四史規模龐大，版本眾多，精選與校刊均需要花費很多工夫。王雲五於 1921 年起主持編譯所工作，後來又任商務總經理兼管編輯工作，對這兩部書的輯印也傾注了不少精力。

除了整理出版古籍、編印新式教科書外，商務印書館在張元濟主持時期，於西學介紹方面也頗有作為。首先是對於西方文學的介紹，商務印書館大量刊行林琴南翻譯的小說，以確保銷售量。林琴南的翻譯別具一格，他本人不識西洋文字，但文言功底深厚，他聽別人譯講西洋小說，4 小時可寫 6000 字，文筆優美，抑揚有致，合乎當時多數人的閱讀趣味，因而他的「譯作」很為暢銷。其它人翻譯的西洋小說，商務印書館也擇優印行。在新文化運動之前，商務印書館出版的西洋小說達數百種之多。此後，則更注重譯介西方文學作品中的名

---

36 引自胡道靜：〈孫毓修的古籍出版工作和版本目錄學著作〉，載《出版史料》1989 年第 3、4 期合刊。

著。其次是譯介西方社會科學著作。在張元濟主持時期，商務印書館出版這類書籍也達到數百種。商務選擇西洋人文社科著作的中譯本，首重嚴復的譯述。嚴復對西方人文社會科學的譯述之作，是社會公認的權威產品，商務印書館將嚴復所有的譯述作品全部印行，擴大了西方社會科學學說在中國的影響。清末討論君主立憲政體，政治、法律方面的書籍頗為走俏；民國建立後，國內政局動盪，各種政見、各種學說爭論不已，西方社會科學著作更受歡迎。在上述不同的階段，商務印書館都能洞察市場走向，抓住時機，出版有關的譯著和編譯作品。再次是介紹西方自然科學知識。商務印書館通過編寫成套的中小學教科書，先為介紹西方近代自然科學打下了基礎，然後循序漸進，出版農、工、醫、商等應用性科學編譯書籍，進而出版自然科學基礎理論方面的編譯作品。

此外，商務館還創辦了幾種雜誌，張元濟也功不可沒。1902 年 1月，商務印書館出版第一本雜誌《外交報》，張元濟參與編輯。張元濟進館後，商務印書館於 1904 年 1 月出版《東方雜誌》，創刊時由日本人主持編輯。這兩份雜誌初創時，一定程度上受到日本國內政治氣氛的影響，其政治基調傾向於宣傳在國內實行憲政，對外排斥西方。後來《外交報》取消，《東方雜誌》的編輯力量增強，編輯事務不再讓日本人過問，精選高品質文稿，《東方雜誌》遂成為我國具有較高學術水準的著名綜合性刊物。在我國現存的雜誌中，這兩份雜誌的歷史最為悠久。此後不久，商務印書館又辦了《教育雜誌》（1908）、《小說月報》（1909）、《少年雜誌》（1910）等刊物，都產生了廣泛而深長的社會影響。

可以這麼說，以夏瑞芳為首的商務印書館創業者，其主要功績在於推進近代中國印刷事業的發展，出版方面的成就尚在其次。張元濟加入並發揮作用後，商務印書館才真正為中國的出版事業和文化事業做出實質性的貢獻。商務印書館紀念建館八十週年時，沈雁冰（茅盾）在祝詞中讚揚該館道：「維新大業，數出版先驅，堪稱巨擘。」他對張元濟也給予了高度的評價，認為他「不但是個有遠見、有魄力的企業家，同時又是一個學貫中西、博古通今的人」。經過夏瑞芳、張元濟為代表的兩代人的努力，商務印書館的基業已構成頗有氣勢的「大模樣」。到王雲五接手編譯所時，商務印書館已經有了 24 年的輝煌歷史，其規模之宏大、設備之先進、人才之集中，出版物數量之大、品質之高，都遙遙領先於國內同行。但在 20 年代初，商務印書館卻一度面臨領導層意見分歧、追趕潮流力不從心的問題。創業者或已去世，或年事已高，或思想落伍。那時，擔任總經理的鮑咸昌因循守舊，欲變革，又怕亂了套。早期引入的人才張元濟也已年逾知天命之年，而且與鮑咸昌在如何發展商務的業務方面意見相左，爭執結果，雙雙退居二線。繼任編譯所所長的高夢旦忠厚有餘，魄力不足，知識結構又呈老化，僅能勉強維持業務，開拓創新則乏善可陳。外界新潮人物又批評某些商務出版物守舊落後。商務印書館第一次陷入困境。這時，商務印書館迫切需要一位學貫中西而又有改革魄力的人物執掌編譯所，重新樹立形象，推進業務。王雲五臨難受命，能否有所作為，關係到商務印書館事業的成敗利鈍。

汰舊迎新，調整人員結構，商務人才濟濟。嚴定工作規範，「經濟槓杆」引發爭議。調整辦刊方針，充實編輯力量，商務「門面」形

象一新。

由於沒有及時趕上「五四」新文化運動引發的革故鼎新的潮流，商務印書館在 20 世紀 20 年代初面臨不得不進行整改的局面。王雲五又是雄心勃勃的「好事之徒」，他接任編譯所所長後採取的第一個舉措，即著手人事方面的汰舊迎新，調整商務印書館的「大腦」——編譯所。他以學術分科為原則，大量引進專業人才與意識較為開放的學者。用王雲五的話說，便是「就編譯所原設各部酌予調整，俾更合於學術分科性質。同時極力羅致各家專家學者，分別主持新設各部，或任所內外編輯[37]」。王雲五最為得意的是聘用了學界著名人士朱經農、唐擘黃（鉞）、竺藕舫（可楨）、段撫群（育華）。朱經農是王雲五的莫逆之交，曾留學美國攻讀教育學，接受王雲五聘請之前在北京大學擔任教育學教授，被王雲五聘任為哲學教育部部長，後轉任國文部部長，「主持小學教科書及中學國語文之編輯任務」。唐鉞為留美心理學博士，受聘為總編輯部編輯，襄助王雲五摘改革，後轉任哲學教育部部長。竺可楨係留美地理學博士，曾任東南大學教授，被聘為史地部部長。段育華曾在美國攻讀數學，做過北京大學數學教授，被聘為算學部部長。稍後，王雲五又聘任叔永（鴻雋）為理化部部長，周鯁生（覽）為法制經濟部部長，起用陶孟和（履恭）在總編輯部協助改革。此外，王雲五「又聘館外特約編輯胡明復、胡剛復、楊杏佛（銓）、秉農山（志）等，皆為當時上海、南京兩地名教授[38]」。商務印書館一時人才濟濟，奠定了出版學術專著的基礎。

37　王雲五：《岫廬八十自述》，頁 79。
38　王壽南：《王雲五先生年譜初稿》，頁 116。

編譯所的人事每年有變動，茲據 1924 年《編譯所職員錄》列出各部門人數及負責人如下。國文部 17 人，部長朱經農；英文部 29 人，部長酈富灼；史地部 9 人，部長朱經農（兼）；法制經濟部 10 人，部長李伯嘉；算學部 9 人，部長段育華；博物生理部 11 人，部長杜亞泉；理化部 9 人，部長鄭貞文；雜纂部 14 人，部長何崧齡（公敢）；出版部 17 人，部長高夢旦。另設 4 個專門委員會，計為英漢實用字典委員會 11 人，國文字典委員會 12 人，英漢字典委員會 7 人，百科全書委員會 31 人，各委員會負責人依次為黃士復（幼希）、方毅（叔遠）、吳致覺、王雲五。由王雲五親自分管的百科全書委員會規模宏大，又細分為 6 個係，第一系主任陶履恭，第二系主任唐鉞，第三系主任程瀛章，第四系主任秉農山，第五系主任何炳松，第六系主任傅運森（緯平）。各雜誌社負責人為：東方雜誌社（6 人）錢智修，教育雜誌社（2 人）李石岑，小說月報社（3 人）鄭振鐸，學生雜誌社（3 人）朱元善，少年雜誌社（2 人）朱元善（兼），兒童畫報社（2 人）朱元善（兼），婦女雜誌社（2 人）章錫琛，小說世界社（3 人）葉勁風，兒童世界社（4 人）徐應旭，英文雜誌社（1 人）胡哲謀，英語周刊社（1 人）周由廑。另設教育與圖書機構 6 個，名稱及實際負責人為東方圖書館（14 人）江畬經（兼），國語函授社（4 人）方毅（兼），國文函授社（1 人）錢智修（兼），英語函授社（16 人）周越然，算學函授社（2 人）胡明復，商業函授社（3 人）李培恩。事務部共 62 人，由江佘經任部長，下設庶務、文牘、會計、成本會計、輿圖、圖畫、美術、圖版、書繕、校對 10 個股。上列編譯人員和技術人員已達 240 餘人，尚未計及勤雜人員。由此也可知，編譯所規模極為龐大，專職分工極細密，人才堪稱一時之選。

其中近 200 人是王雲五執掌編譯所之後引進的。雖然人員眾多，卻沒有一個冗員。

王雲五在上任之初，就提出了全方位的改革設想，在此後幾年中陸續推行，使編譯所發生了根本性的變化，有力地促進了商務印書館出版事業的迅猛發展。這份改革設想稱為《改進編譯所意見書》[39]，全文長達 6000 餘字。茲據王雲五的《意見書》，對他的改革設想和後果作扼要述評。

第一，實施「按事計值」。高級行政人員據業績考覈，校對員和勤雜人員按工作時間考覈。一切編譯、審查、計劃人員的薪金，「一律按人員資格與事之難易而定」，「譬如編書每千字定為八元、六元、四元三等，譯書每千字定為五元、四元、三元三等，改稿每千字定為一元半、一元、半元三等」。

〔評說：這項改革切實提高了工作效率。但當年的編譯人員後來對此項改革有不同的評價。〕

第二，保存編寫教材所用資料，以後遇時勢變化而需要編新教材時，不必另起爐灶，只需使用已有資料對原教材作適當修改。出版書籍，預先要考慮同類出版物成系統，以免重複出版或出書混亂。

〔評說：此後，商務出新編教材，都以快速與高品質聞名；出版成套叢書，則成為商務的特色，取得良好的經濟效益，並獲得社會各界好評。〕

39　王壽南：《王雲五先生年譜初稿》，頁 109-115。

第三，編譯人員在學識、文字功夫、經驗等方面必須有所特長，館方要善於發現人才，合理使用下列人才：眼光深遠的通才，精專一門學術的專家，以及深懂教育者、長於國文者、通外文者、編輯經驗豐富者、能與知識界溝通者、能公正考覈勤惰者、辦理行政幹練者、書法精美者、擅長繪畫者、善於校對者。因才使用各類人員。

　　〔評說：王雲五一方面起用新進的才識之士，一方面讓一些老資格的編譯人員轉崗、離職，這種「不近人情」的做法後來引起爭議。〕

　　第四，加強部門之間的協作。各部門「向例各有獨立，聯絡甚鮮」，「難收互助之效」，「故當以全所人員作為一個有機體，如手與足，與耳與目，各盡所長，各補所缺」。

　　〔評說：各部門大致能做到互助合作，王雲五曾迫使合作精神較差的部門負責人離開編譯所。〕

　　第五，編著書籍當「激動潮流」，不宜追逐潮流。追逐潮流為短視行為，「潮流即至，盡人得而逐之，則競爭者多，為利也僅矣」。所謂「激動潮流」，便是多出「專門書籍」，「雖一時或未能十分暢銷，然以實際需要者之眾多，苟從營業上特加注意，固不難逐漸發展，及效果漸著，則所謂『社會大學校』將成立於無形中」。

　　〔評說：王雲五一貫認為，出版學術專著、優秀譯著以及大型字典、百科全書、知識性普及讀物，有益於文化知識界繁榮學術，也有利於民眾文化素養的提高，他堅信，以出版家眼光看，出版此類書是

可以長銷不衰的。在他主持商務印書館編譯、出版工作的 25 年中，堅持了這一出版方針，從來不為贏利而出版格調低下的書，也不去迎合潮流出版趕浪頭的讀物，使商務出版物保持了學術性、知識性和有益於社會文化教育事業的基本特色。〕

以《改進編譯所意見書》為基本構想，王雲五進一步制訂出關於編輯計劃、人員陞遷進退、工作制度、獎勵辦法等細則，逐步付諸實施。對於王雲五的初步改革，原編譯人員後來給予截然相反的評價，分歧集中在人事、工作制度和計酬辦法上。關於人事問題，王雲五引進了大量學者專家，促進了出版事業，對此是沒有異議的。但有人認為王雲五有任用私人、打擊元老中傑出人才的問題。1918─1932 年任職於編譯所的鄭貞文，後來撰文回憶在編譯所的見聞，對王雲五的人事改革舉措進行了批評，認為他拉攏親信、打擊老資格編輯：「新聘編輯員近二百人。其中主要人物，如國文部兼史地部部長朱經農，法制經濟部部長兼事務部圖畫股股長李澤彰（伯嘉），都是他的學生，也是他的心腹。……王雲五就任所長後，許多資格較老的舊人員多被淘汰。至於不得不暫留的部長、主任，也都遭到歧視，尤以鄭富灼和杜亞泉最為王的眼中釘。[40]」朱經農、李伯嘉確實都是王雲五的學生和好友，王雲五起用人才時不排除私人友情，但他「任用私人」與首重才幹並不矛盾。朱經農具有豐富的行政經驗，擁有博士、教授頭銜，他的學識在當時是得到文化教育界公認的。李伯嘉辦事幹練，

40　鄭貞文：〈我所知道的商務印書館編譯所〉，見《文史資料選輯》，第 53 輯。鄭貞文的這篇回憶文章發表於 1965 年，在當時的氣氛下，對於王雲五這樣一個既做過舊政府高官，又與「反動學術權威」胡適有親密關係的人自然不會有公正的評說，這一點從他的文章中提到王雲五時常用譏諷及貶斥的語調，可以窺見。也許正因為如此，後來商務印書館在編輯《商務印書館九十年》文集時，雖然仍收入此文，但將其中的「高夢旦與王雲五」、「王雲五當所長以後」兩節刪去了。

善於處理上下左右各種人際關係，學問也不錯，不久便成為商務骨幹，尤其在抗戰時期為商務事業在逆境中奮起做出過貢獻。何況，編譯所引進和得到重用的人才，大多同王雲五並沒有任何私交。可以這麼說，所謂「任用私人」，是任用其中有學問有能力者，而且並沒有妨礙王雲五大量起用其它才識之士。至於王雲五排擠元老，則情況因人而異。王雲五認為杜亞泉和他的幾位下屬編輯知識老化，調動了他們的工作，含有「汰舊」之意。如若沒有「汰舊」，怎能引進並使用好新銳人才？所以，「汰舊」是改變編譯所人才結構的舉措之一，無可厚非。王雲五排擠鄺富灼，則是從性格不合開始的，發展到難以共事，反映出王雲五待人處世不夠寬厚的一面。

杜亞泉、鄺富灼兩人與高夢旦曾並稱為編譯所創辦以來的「三傑」。鄭貞文認為，王雲五「對高雖偽作謙恭，但對於鄺、杜兩位老，則不能稍予寬容了」，以至將杜亞泉的親朋好友和老同事先後淘汰，使杜亞泉鬱鬱不得志，為了養家糊口，才勉強留在編譯所工作。對於鄺富灼，王雲五必欲排除之而後快，因為鄺富灼僑居美國多年，英文水準極高，不怎麼瞧得起王雲五，對王雲五的朋友編譯的英文稿件時常不予採用，王雲五則時有侵越英文部部長職權的作為，矛盾終於發展為正面衝撞。在〈我所知道的商務印書館編譯所〉一文中，鄭貞文生動地描述了矛盾爆發的場面：

有一天我正在編譯所聯合大辦公廳內校稿，忽聽到從所長室裏面發出號咷的哭聲，趨前一看，只見王雲五伏案大哭，鄺富灼面紅耳熱趨出房門，回到自己桌上收拾稿件。那時在館同人聞聲停筆，都莫名其妙。一會兒王雲五、鄺富灼各自拿了皮包，一句話也不說，先後離

開編譯所，同人都瞠目相視。次日，他們兩人各提出辭呈不來館了。

　　這場爭吵的結果，鄺富灼憤而退出編譯所，王雲五經張元濟、高夢旦勸慰，仍然做所長。那時在英文部任職的唐鳴時，對王、鄺衝突的感受更為深切，他在 1980 年撰寫的〈我在商務編譯所的七年〉一文中，舉例刻畫了如何因為他倆的鬥氣，嚴重影響了工作，以致王雲五終於不能容忍鄺富灼了：王雲五打算出版一部美國人索克思撰寫的世界通史，召見唐鳴時，要他負責作中文注腳和插圖。唐鳴時表示要聽取英文部部長鄺富灼的意見，王雲五不耐煩地說：「已打過招呼，如有疑難，可請教史地部何炳松與傅緯平兩先生，搜集插圖，可隨時到我家翻查藏書。」唐鳴時回英文部請示鄺富灼，鄺富灼頗為惱火，說道：「他是編譯所所長，你聽他的罷！」這部書稿陸續付排，拖了一年多，鄺富灼從不過問其事。此後，凡是王雲五接洽過的稿件，鄺富灼便冷冷地對唐鳴時說：「你照辦就是了。」即使美國駐滬領事館的商務參贊安諾德來稿要譯成中文，由於稿件由王雲五接收，鄺富灼便不願過問這件事。唐鳴時寫道：「光從我一個人經歷的兩樁事例推想，英文部在編譯所中的特殊地位，勢所不容了。鄺先生後來突然辭職。在告別茶會上，他歷述勤勤懇懇工作幾十年如一日，說到動情處，聲淚俱下。[41]」這位平時「滿口美國話」的英文人才，終因不願屈就王雲五，灑淚離開了編譯所。可見王雲五使用人才，雖然重視才學，但不能容忍下屬對他的漠視和頂撞，即使是有才學的前輩人物也不例外。這或許與他出身卑微、沒有學歷有關。心理上的自卑，往往會外化為過分自尊。作為一個企業的經營者來說，尤其不能容忍因鬧

---

41 唐鳴時：〈我在商務編譯所的七年〉，原載《商務印書館館史資料》，第 5 輯，轉引自《商務印書館九十五年》。

意氣而影響正常工作的情弊。在王雲五看來，阻擋他改革的障礙必須堅決排除。為此，他有時脾氣暴躁。關於這一點，王雲五本人也不否認，他有過這樣一段「自白」：

　　高先生（高夢旦）鎮靜我的脾氣，有一種很巧妙的方法，就是當我脾氣在發作的時候，他大都對我表示十二分的同情，等我的脾氣稍息，他往往用幽默的話，引我的情緒離開關係的問題，漸漸把它淡忘。俟有相當機會，再用幾句警語，使我自己感覺前次發脾氣之無意義[42]。

　　高夢旦和張元濟都很支持王雲五的改革，而且他倆待人和氣，處事穩健，在館內深孚眾望。得到這兩位前輩的支持，王雲五才能頂住壓力，堅持把改革搞下去。

　　如果說人事進退方面的改革，利益受損者只是少數人，那麼嚴格工作規範，拉開待遇差距，則涉及編譯所所有員工的切身利益，勢必引起更大的爭議。王雲五制定的規章制度，重點放在工作量的核定上。例如，他規定編譯百科全書的編譯人員，每天最低工作量為筆譯1500 字或編寫 1000 字，薪酬同編譯字數掛鉤。此後，各部編寫教科書及其它書籍也酌仿此法，以編寫字數作為考覈業績、計發薪酬的重要依據。此類硬性規定，似乎沒有兼顧到文字工作的特殊性，使部分員工產生牴觸情緒。20 年代中期起，商務印書館勞資關係緊張，在上海是有點名氣的，原因之一，便是通過改革所獲取的利潤傾向於資方，員工苦樂不均，部分員工利益受損，積怨成憤。所以，對王雲五

42　王雲五：〈我所認識的高夢旦先生〉，載《東方雜誌》第 33 卷第 18 期。

的改革措施見仁見智，觀點相左，是很正常的，關鍵是從什麼角度去看。胡愈之在《回憶商務印書館》一文中，對王雲五的改革作了基本否定的述評：

原來商務固然也是私人經營的，但到底像個文化事業；原來的資本固然也是有剝削的，但是卻還有一定的進步性。而王雲五卻完全以一種營利的目的來辦商務了，訂出了許多荒唐的制度。……他規定編輯每天要寫多少字，寫不足就扣薪水。畫圖，先是要量尺寸，因而有人就儘量畫大，後來他又提出圖中空白地方要扣除不計尺寸，也就是不計報酬。校對上如果發現一個錯字，就要扣多少薪水。過去的幾個編譯所主任對編輯還是很尊重的，對王雲五卻普遍有反感。

但也有不少過來人對王雲五在 20 年代的改革給予肯定的評價。陶希聖是 1924 年應邀進編譯所的，1927 年底「挾文從政」，投奔武漢方面的國民黨去了。他對編譯所改革前後的狀況刻畫得頗有文采：

據編譯所舊人說，最初只得編輯幾位至十幾位。其編國文及諸歷史諸教科書的老先生們，端坐讀書，執筆為文，吟哦之聲達於戶外。這是第一期的情況。其後，治西學者、受學校教育者、留學國外者，在所中雖不復搖頭誦詠，仍不論報酬，不爭待遇，道義相處，禮貌相將。這是第二期。我進編譯所是在第二期最盛時。各人的工資互不相知，各人的進退聽之當局。我初進所，每月工資銀圓八十元（米一石只得五元）。滿一年之年終，當局送小紙條「臺端月薪加為百元」，再一年加為一百二十元。……若是當局開除你，也是小紙條一張，悄

悄送給你，你只好悄悄地走路[43]。

　　據陶希聖的描述，改革後，編譯人員努力工作，專心致志於提高自己的業績，至於進退陞降與待遇高低聽任館方決定，從中也反映出，通過改革，推行競爭機制，提高了編譯人員的工作效率。唐鳴時在〈我在商務編譯所的七年中〉一文中，回顧改革後英文部認真嚴謹的工作作風，作了這樣的描繪：「工作時間紀律比較嚴肅，不但沒有高談闊論，即有工作上接洽或商討也低聲輕語⋯⋯沒有鬆鬆垮垮的作風。」編輯埋頭苦幹造成的氣氛，也影響了其它員工，以至「勤雜人員進入我室也行步輕聲，如有煙氣的，必掩口側身說話」。1924 年 7 月進入編譯所的董滌塵，對工作環境和待遇表示滿意，他評論道：「商務印書館有個優良傳統，是尊重知識，尊重人才。在三所一處（編譯所、印刷所、發行所、總務處）中，編譯所的待遇較優。」董滌塵還指出，編譯所的改革舉措也影響到其它所、處，商務館當局「對工廠等處有文化知識、有才能和技術專長的，均予以優遇」，典型的例子是一名排字技術能手，對高等數學中的數學公式和特殊符號都能按稿件要求鑄成鉛模，而且排得十分恰當，每月所得工資高達 130 餘銀圓，比一般的編譯人員還要高。董滌塵以數學部和有關部門為例，說明那時商務印書館員工大多能夠遵守規章制度，工作認真負責，保證了圖書出版的品質：

　　數學部有本簽到簿，到後簽上個名就可以，無須注明幾點幾分，實際上亦沒有遲到早退的，而且工作都認真負責。⋯⋯當時商務出版的教科書，幾乎找不到一個錯別字。從編輯、排字、校對、製版、印

43　陶希聖：〈商務印書館編譯所見聞記〉，載臺灣《傳記文學》第 35 卷第 5 期。

刷到裝訂成書，以至出版發行，一整套完整的工序，都是一絲不苟的[44]。

　　以上所引述的對王雲五改革的各種說法，都是經歷那場改革的編譯人員所做的述評，體會較深切，但各人後來的經歷和處境大不相同，這或許也會影響到對王雲五和這場改革的評價。筆者認為，在任何時代任何單位，改革對內部員工而言，總是與利益的再分配密切相關的，有人獲益，必有人受損，王雲五的改革舉措也是一把雙刃利劍，在劈砍陳規陋習的同時，也會使部分人獲益，部分人受損，必然是「幾人歡笑幾人愁」。何況，他的改革，是站在館方亦即資方的立場上，從勞資矛盾的角度予以批評，定能發掘出不少問題與弊端。再者，改革還直接關係到王雲五個人的利益。若改革成功，他為挽救全國最大的出版社所做的努力功不可沒，他本人的前景也將看好；如果改革失敗，他只能再次去過他閉門讀書的「隱士」生活，或者回到英文專科學校執教鞭。因而，即使僅僅出於個人利益，他也必須奮力排除所有阻撓改革的障礙，為此他開罪過包括元老前輩在內的若干人物，即使遭人唾棄也在所不顧。但是，評價一項改革的成功與否，動機固然要作分析，更重要的應該是著眼於改革的客觀效果。王雲五剛接任編譯所長的 1921 年，商務館出書 230 種，營業數為 685.8 萬元；他擔任所長兩年後的 1923 年出書 667 種，營業數為 815 萬元[45]，兩年間出書數量翻了將近兩倍，營業數增長近 20%，改革的成績是顯著的。而且，王雲五通過改革，改變了商務印書館一度被輿論指斥

44　董滌塵：〈我與商務印書館〉，原載《商務印書館館史資料》，第 44 輯，轉引自《商務印書館九十五年》。
45　商務的出書統計資料，采自王壽南：〈王雲五先生與商務印書館〉，見《商務印書館九十五年》；商務的營業數資料，采自莊俞：〈三十五年來之商務印書館〉，原載《最近三十五年之中國教育》，轉引自《商務印書館九十五年》。

為「保守」的社會形象，重新贏回聲譽，其出版物在文化學術界和社會上受到普遍的認同和歡迎。這也是改革帶來的效果。商務印書館聘用王雲五擔任編譯所所長，主要目的是希望他能通過改革，改變商務印書館的社會形象。王雲五經過努力，使商務館很快地「恢復了名譽」，說明他的改革達到了館方預期的目的。

商務印書館對外形象的改變，首先是幾種雜誌「舊貌換新顏」。商務館辦的雜誌有廣泛的社會影響，但在「五四」新文化運動中不合時宜地宣揚「東方固有文化」，受到激進文化人的嚴厲抨擊，使商務印書館的對外形象受損。因此，起用思想意識新進的年輕編輯，淘汰觀念滯後的舊人員，以迎合文化學術界革故鼎新的潮流，成為王雲五改革雜誌社的初始想法。他認為，首先要改變面貌的是《東方雜誌》，因為這份雜誌在文化界有廣泛影響，堪稱商務印書館的「門面」。創刊於 1904 年的《東方雜誌》，早期由徐珂、孟心史（森）先後主編，那時剪輯其它報章雜誌的文章較多，由雜誌社組稿的時論及編譯文章也有一些，特色還不夠鮮明。1910 年起杜亞泉主持《東方雜誌》，擴大稿源，曾刊登過不少介紹西方各種學說的譯文，也重視時政和學術方面的論文，頗受各界歡迎，銷售數超過 1 萬。但晚清秀才出身的杜亞泉思想上傾向於改良，不能忍受激進的思想政治觀點和空泛的時髦口號。第一次世界大戰後期他認為世界大戰造成的災禍和共產主義學說的傳播，都與強調競爭的西方文明有關，而東方文明崇尚道德、提倡和諧，優於西方文明，更適合於當代社會。杜亞泉的文化觀受到陳獨秀等人的批評。他不服，撰文力辯，形成論戰局面，終於使《東方雜誌》處於受先進文化觀圍攻的境地。《東方雜誌》於

1920 年暫時改由陶惺存編輯，1921 年王雲五執掌編譯所後，將該刊交由錢經宇（智修）主編，實際上以胡愈之、樊仲云為骨幹編輯，優先採用觀點先進的文稿，使《東方雜誌》恢復了聲譽。胡愈之於 1914 年 10 月進商務編譯所做練習生，一年後調入東方雜誌社。擔任《東方雜誌》骨幹編譯後，胡愈之努力改革，在增強雜誌的學術性上花了不少功夫，並注意在思想觀念方面適應時勢需要。胡愈之本人還致力於研究國際問題，並成為該雜誌評論的主要撰稿者[46]。王雲五那時很器重後起之秀胡愈之，認為他的文章長進很快，後來借錢經宇去南京監察院任職的機會，把《東方雜誌》交給胡愈之負責，編輯人員的聘請、稿費的支配，全由胡愈之操辦。胡愈之對辦好《東方雜誌》滿懷信心，宣稱要「以文字作民族鬥爭社會鬥爭的武器」，引起人們極大的關注。但王雲五不希望《東方雜誌》在社會政治問題上過於冒尖，加上時局變幻等因素，後來又取消了胡愈之「包辦」的權力，使《東方雜誌》的政治性和鬥爭性減色不少。

創刊於 1910 年的《小說月報》，經過許指嚴、惲鐵樵主編後，由王蘊章（蕙農）接管，刊載大量言情小說，以迎合小市民飯後茶餘消遣性的閱讀需要，在新文化運動中受到輿論批評，於是從十二卷一號起，改由沈雁冰（茅盾）主編。沈雁冰以文學研究會為後盾，大力革新，採用白話文，發表了不少宣揚民主和具有現代主義傾向的作品，使《小說月報》跟上了新文學的潮流。但他「在該刊十三卷七號上發表的《自然主義與中國現代小說》一文，從正面批判了『禮拜六』派，得罪了人，引起一場糾紛」[47]。那時鴛鴦蝴蝶派文人的影響

46　胡序文：〈胡愈之和商務印書館〉，見《商務印書館九十年》。
47　鄭爾康：〈鄭振鐸在商務印書館的十年〉，見《商務印書館九十年》。

力不小，對《小說月報》發起了攻擊。王雲五為了避免《小說月報》捲入紛爭，節外生枝，將沈雁冰調到國文部，聘任鄭振鐸為《小說月報》主編。王雲五的另一項舉措是指派葉勁風創辦《小說世界》，容納言情小說，籠絡鴛鴦蝴蝶派的作家，以求取平衡。鄭振鐸主編的《小說月報》，同文學研究會關係仍很密切，徐志摩、周予同、葉聖陶等對辦好該刊也出過不少力。當代不少著名作家的處女作或早期作品，便刊登在沈雁冰、鄭振鐸任主編時期的《小說月報》上。沈雁冰後來給予《小說月報》很高的評價：「記錄了我們老一代文學家艱苦跋涉的足跡，也成為老一代文學家在那黑暗的年代裏吮吸滋養的園地。」

創刊於 1915 年的《婦女雜誌》，主編由王蘊章兼任。《婦女雜誌》一度渲染婦容婦言婦功婦德，以及傳統的貞操節烈觀，在「五四」新文化運動中也受到了尖銳的抨擊。改由章錫琛主編後，《婦女雜誌》鼓吹婦女解放和婚戀自由，迎合了時代反封建的要求，從而改變了自身的形象。但是章錫琛拒不登載鴛鴦蝴蝶派的稿件，受到上海眾多小報的攻擊，又引起了糾紛。王雲五對館辦雜誌「惹是生非」向來是有所顧忌的。後來《婦女雜誌》開闢專號探討性問題，再度引起爭議，王雲五唯恐再惹是非，對該雜誌作了人事上的調動。在《漫談商務印書館》一文中，章錫琛回顧道：「在 1925 年 1 月發刊的《新性道德專號》上，由於我寫的《新性道德是什麼》和周建人寫的《性道德的科學標準》兩文，受到《現代評論》北大名教授陳大齊的抨擊，使王雲五大起恐慌，要我以後把每期排成的清樣送他審查，才能付印。我怕他抽改會延誤出版日期，只允把編成的原稿送審，並要求把我編輯

者的名字去掉。沒有得到他的答應，我只得提出辭職。」於是，王雲五順水推舟，把章錫琛調到國文部，把周建人調去主編《自然界》雜誌，另派杜就田主編《婦女雜誌》。杜就田是杜亞泉的堂弟，在商務印書館已工作了 20 多年，文字功夫仍很平常。王雲五把他歸入觀念落伍、業務能力不高的舊式人物，曾把他從理化部調出，去幹推廣等雜務，此時突然重用他，看中的就是他的平庸，用意在於讓《婦女雜誌》走「中庸之道」，可以省卻許多麻煩。杜就田也領會王雲五的意圖，撰寫了《明年婦女雜誌的旨趣》一文，刊登於該刊 1925 年 12 月號上，以表明「中立」立場：「現在國外的大勢和國內的時局，都在促婦女更新的機運，那麼我們不得不因所負使命的重大，愈加勉勵，取一個穩健中立的步驟，闢一條青年婦女循行的途徑。」其編輯宗旨更是不倫不類，詞不達意：以「美情」作「幕面」，以「常識」作「中藏」，以「藝化」作「背景」。章錫琛、周建人等與館外友人吳覺農對《婦女雜誌》如此改版很為反感，自行另辦《新女性》雜誌，以此為契機，後來發展為開明書局。王雲五不滿於章錫琛獨樹一幟的行為，遂棄而不用。

商務印書館辦的《教育雜誌》和《學生雜誌》，在新文化運動中也受到輿論抨擊。王雲五讓李石岑取代朱元善，任《教育雜誌》主編，由周予同實際負責。《學生雜誌》主編仍由朱元善掛名，但王雲五讓楊賢江負責實際編輯工作，那時楊賢江已是中共黨員，王雲五當然並未察覺。

從以上雜誌主要編輯人員調動和雜誌旨趣改變的情況可以看出，王雲五對編譯所承辦的雜誌進行了較大幅度的改革，改變了各種雜誌

一度守舊落伍的狀況，刷新了商務印書館的「門面」，但他的立足點不在於創新，而是表面上迎合時代新潮流，以穩健、不惹麻煩為基本出發點，注重於知識性和學術性，兼顧可讀性。由於雜誌社有相對的獨立性，王雲五又日理萬機，他對各雜誌社的把關，主要表現在編輯人員的調動，以及對雜誌的編輯宗旨作原則性的指導，編輯人員在具體操作上仍有相當大的主動權和靈活性。

第四章

圖書統一分類法與四角號碼

志向宏遠，主持編輯有方。洞燭先機，善於經營，商務名揚中外。推出大型叢書 50 餘部，編印工具書近 200 種，學術專著優先出版，普及讀物健康純正。

針對過去商務印書館出版新學方面的書零散不成系統的問題，王雲五把編輯出版學術性、通俗性兼顧的現代叢書列為工作重點，他決定調整出版方針時說：「擬從治學門徑著手，換句話說，就是編印各科入門之小叢書。」他就任編譯所所長不久，即在北四川路 183 號自己的住宅設宴招待所中重要幹部，交代了小叢書的編輯計劃，當場拿出預先擬好的各科書目，請各人認定自己願意承擔編輯的專案[1]。這套小叢書涉及的學科領域很廣，分為《百科小叢書》、《農業小叢書》、《商業小叢書》、《師範小叢書》、《體育小叢書》、《算學小叢書》、《新時代史地叢書》以及《國學小叢書》、《學生國學叢書》等。按預定計劃，每部小叢書各編寫「百數十種」，三四年內完成編印，「各種小叢書以深入淺出之方法，分請各該科專家執筆以二萬字為一單冊，四萬字為一復冊[2]」。這套小叢書兼顧中西學，而以介紹西洋各學科知識和學術思想為主。由於小叢書種類齊備，各學科的編譯人員都有用武之地。1923 年起，小叢書陸續編印，很受各界歡迎。具有經濟頭腦的王雲五向來善於一箭雙雕或一舉三得。在小叢書編輯過程中，他認為已收集的大量資料經過修改潤色後，還可以變通使用，於是籌畫編輯百科全書。據王雲五後來憶述，當時他已經考慮到編小叢書是「為他日編《萬有文庫》之準備」。實際情況是，小叢書編印了幾年以後他才開始醞釀編纂《萬有文庫》，把已出版的各科小叢書

1　章錫琛：〈漫談商務印書館〉，載《文史資料選輯》，第 43 輯。
2　王雲五：《商務印書館與新教育年譜》（臺北市：臺灣商務印書館，1973 年），頁 119-120。

大量收入其中。所以說，編寫各科小叢書，客觀上有助於《萬有文庫》的問世，但在編寫小叢書階段，王雲五尚未想到為編《萬有文庫》作準備。在小叢書陸續推出之際，他設想的是編一部百科全書。

那時國內還沒有中國人編寫的百科全書，王雲五認為這是出版界和文化界的恥辱，商務印書館編譯所務必完成此事，「為國增光」。作為編輯出版百科全書的模擬演習，王雲五以美國的 Book of Knowledge 為藍本，要求編譯人員參考該書，盡快編寫《少年百科全書》，並於 1924 年 2 月出版了全套《少年百科全書》共 20 冊。同年 5 月，編譯所設置百科全書委員會，王雲五自任主任。百科全書委員會集中了 30 餘名學者和資深編輯，分為六個系，由陶履恭、唐鉞、程瀛章、秉農山、何炳松、傅運森分任系主任。王雲五決定以美國出版的 New International Encyclopedia 為主要藍本，並參酌英、德、法、日等國的百科全書，有關中國的內容則由各科專家另行撰稿。全書計劃寫 1 億字。在百科全書編寫期間，王雲五實施嚴格的獎懲措施，以鞭策有關人員奮力工作。他每月只給編輯四五十元底薪，每人每日撰稿 1000 字或譯稿 1500 字，作為基本工作量，其餘酬金以稿費形式給付，稿費沖抵底薪後，上不封頂。由於翻譯各國百科全書的工作量很大，王雲五又招募了不少大學生，讓他們利用節假日幫同翻譯。在王雲五催促下，編內、編外人員個個奮發，拼命趕進度。但是人多手雜，速度太快，譯文初稿多不通順，有的譯文還曲解了原文的意思，專用名詞的音譯更是各譯各的，「百花齊放」。王雲五原以為讓有經驗的編譯人員修改通稿，就可以初成模樣。但通稿的編輯面對五花八門的譯稿，感到無從著手。結果，投入數十萬元，耗費一年多的時

間，換來的是一大堆雜亂的譯稿，勉強編輯成稿的 5000 萬字也達不到品質要求，百科全書的編寫工作被迫中止。後來，這 5000 萬字的稿件在「一·二八」事變中被戰火燒光了。商務版的百科全書雖然沒有編成，但王雲五為填補國內出版界在這一領域的空白而奮鬥的精神，仍是令人欽佩的，他為此遭受了重大的挫折，頗有點悲壯的味道。

　　但是，王雲五是經受得起失敗考驗的出版家，編寫百科全書慘遭失敗後不久，他又醞釀產生了另一個宏大的出版設想：以商務印書館已經出版的叢書為基礎，再增補些新編的叢書，薈集成種類齊全的系列叢書，成套供應給單位和藏書家，誰擁有這套大型系列叢書，誰就擁有了各科文化知識的基本圖書，這就是《萬有文庫》的編輯初旨。用王雲五的話來描述，就是要「把整個大規模東方圖書館，化身為無數量的小圖書館，使散在於全國各地方、各學校、各機關，而且在可能時，還散在於許多家庭的圖書，匯萃成一套叢書」。王雲五起先打算給這套叢書取名為《千種叢書》，「即併合各科叢書一千種，為一部綜合的大叢書」，後來定名為《萬有文庫》，隱喻以一萬冊為最終目標之意，而不以千種為限。[3] 1922—1927 年，商務出版的各類叢書已達 500 餘種，為出版大型系列叢書打下了基礎。從 1928 年 1 月起，編輯《萬有文庫》的計劃付諸實施。王雲五幾乎動用了商務印書館所有的編輯力量，經過一年多的選編，於 1929 年 4 月出版了《萬有文庫》第一集，共 2000 冊，包括商務印書館原編及補編的小叢書 800 種，古籍（又稱國學）及外國名著譯作各百部上下，共 1010 種

3　王雲五：《岫廬八十自述》，頁 111。

書籍。入選的書籍，經過王雲五的反覆篩選，「存精去蕪，並嚴定系統」。為了擴大這套叢書的社會影響，王雲五撰寫了〈印行《萬有文庫》第一集緣起〉，先是述評建立正規的圖書館需要大筆經費和專門管理人才，還得收購合適的圖書，這些都是很不容易做到的，而購買一套《萬有文庫》，即相當於建立一所小型圖書館。有此等便利，何樂而不為呢？該文然後介紹《萬有文庫》的產生過程、主要內容，以及他本人的進一步設想：

> 不佞近主商務印書館編譯所……數載以還，廣延專家，選世界名著多種而漢譯之，並編印各種治學門徑之書，如百科小叢書、國學小叢書、新時代史地叢書，與夫農、工、商、師範、算學、醫學、體育各科小叢書等，陸續刊行者既三四百種。今擬廣其組織，謀為更有系統之貢獻。除就漢譯世界名著及上述各叢書整理擴充外，並括入國學基本叢書及種種重要圖籍，成為《萬有文庫》，冀以兩年有半之期間，刊行第一集一千有十種，都一萬一千五百萬言，訂為二千冊，另附十巨冊（按：指參考書 10 冊）。果時力容許，後此且繼續刊行，迄於五千種，則四庫舊藏，百科新著，或將咸備於是[4]。

《萬有文庫》按王雲五創制的中外圖書統一分類法分類，刊類號於書脊，每種書附有圖書檢索卡，依四角號碼檢字法注明號碼，王雲五對這種做法解釋道：「故由本文庫而成立之小圖書館，只需以認識號碼之一人管理，已覺措置裕如。」《萬有文庫》定價不高，第一集 2000 冊預約價僅 360 元，這是因為《萬有文庫》中新著作較少，商務已出版的叢書佔了相當大的比例，成本不很高，定價相應較低。但

4　王雲五：〈印行《萬有文庫》第一集緣起〉。

出版規模如此巨大的叢書，畢竟是有風險的。在《萬有文庫》第一集初版印數問題上，商務印書館內部產生了不同觀點，最後提交商務最高會議——總務處會議討論決定。出席總務處會議的有總經理兼印刷所所長鮑咸昌、經理兼發行所所長李拔可、經理夏小芳、協理金邦平、編譯所所長王雲五、出版部部長高夢旦，列席者為總務處機要科科長陳叔通、副科長盛桐蓀。會上，盛桐蓀堅持要控制初版數量，以免嚴重虧損。王雲五同他激烈爭辯，認為《萬有文庫》第一集初版至少要印 5000 部。經過討論，總務處會議最終決定印 5000 部。《萬有文庫》於 1929 年 7 月開始發行，此前 3 個月先寄發預約售書單。然而預約售書初期，猶豫觀望者居多，預約數很為有限，《萬有文庫》發行順利與否面臨嚴峻考驗。正在王雲五犯愁之際，浙江省財政廳廳長錢新之動用了一筆積餘公款訂購此書，為《萬有文庫》的發行起了活廣告的作用。原來錢新之仔細看了《萬有文庫》第一集的目錄和樣張，認為值得購買，打算把這部書分發到每個縣，以促進文化知識的普及。於是錢新之向商務印書館訂購《萬有文庫》第一集 80 餘部。王雲五喜出望外，立即指令各地分館負責人，要他們以錢新之用公款購書為典例，各向所在省份的教育廳或其它有關主管部門接洽。結果如願以償，各省均撥公款訂購，少則 50 部，多則近 200 部。政府部門的行動又刺激了個人的購書欲望，藏書家和家境富裕的讀者紛紛解囊，至預約期滿，《萬有文庫》訂出 6000 餘部，超出預定初版數 1000 多部。此後，又有些單位和個人陸續購買此書。《萬有文庫》第一集很快就售出 8000 部，這在當時堪稱暢銷了，商務為此盈利頗豐。

《萬有文庫》的出版，對於「開民智」、傳播新的文化知識是很有裨益的，可以說是中國近現代出版史上的一大業績，其文化影響力深入民間，由此產生「潤物細無聲」的作用，意義是很為深遠的。戊戌維新運動和「五四」新文化運動，史學家稱之為中國近代史上兩次思想解放運動，也是近代西學對中國傳統文化與傳統觀念產生強大衝擊力的兩大運動，如暴風掠過平靜的洋面，掀起了洶湧的波濤，蔚為壯觀。然而，大洋深處幾乎波瀾不驚。衝擊的對象，在清末民初主要集中於城市知識分子和青年學生，對縣鎮鄉村深層的影響尚不明顯。這種狀況，在魯迅早期的小說裏也得到了生動的反映，孔乙己、趙七爺、趙老太爺這些鄉村的文化人仍然很缺乏近代意識，對西學幾乎一無所知。鄉鎮民眾的落後愚昧，直到 20 世紀 20 年代末仍未得到根本的改變。《萬有文庫》的出版發行，使包括各類科技知識在內的現代文化小叢書，連同大量中外名著進入中小城市乃至縣鎮鄉村，使更多的少年學生和具有中等文化程度的人有機會選讀各科有關圖書，得以較有系統地接觸世界名著，接受現代文化和現代觀念。《萬有文庫》的發行在傳播現代學術、文化方面，做出了切實的貢獻。而且，以「文庫」形式出版系列叢書，也為國內出版界開闢了一條出書新路子，這種方法為其它出版機構所效法，對於文化出版事業的發展，也起了深遠的影響。由於各省教育廳和公私團體購書佔了相當大的比例，購書後公開閱覽，使《萬有文庫》的的確確起到了「小圖書館」的作用。1931 年，王雲五在《最近三十年之中國教育》一書導言中寫道：「《萬有文庫》用最經濟與最適用之編印方法，以整個圖書館貢獻於社會，蓋以圖書館之有裨文化與學校等，而全國興學三十年，其成績止於此者，原因雖複雜，要以基本圖書之缺乏與圖書館設置之

未廣為主。故本館之出版《萬有文庫》，欲藉基本圖書之粗備，與圖書館設置之簡易，而輔教育之不足。」抗戰前，國內中等以上的學校大多備有《萬有文庫》。據民國政府教育部統計，1930 年全國公私圖書館共有 2935 所。王雲五認為，約有半數圖書館是因購買《萬有文庫》才得以建立起來的：「圖書館之大量增加，借萬有文庫之力者多至千餘所，尤以民眾圖書館、學校圖書館借一部《萬有文庫》而創立者不少。[5]」《萬有文庫》的社會影響持續了很長一段時間。筆者在 20 世紀 50 年代中期上小學時，讀了不少外國名著，受益匪淺，至今印象深刻，書的來源都是家父收藏的《萬有文庫》部分書籍。由此聯想到當年《萬有文庫》的出版，千餘所「小圖書館」藉此而建立，受益者必數以十萬百萬計。而「文庫」這一專門詞彙，至今仍被用於國內部分出版物的書名，尤其是中小學課外讀物與題庫，在近幾年使用「文庫」為名者越來越多。《萬有文庫》在國外也有一定影響。《紐約時報》等美國報刊用大幅版面介紹《萬有文庫》，歐美和日本一些大的圖書館都購買了《萬有文庫》，有些漢學家也收藏了這部書。王雲五在 30 年代初出訪英國期間，在倫敦的蘇希爾教授研究室裏，看見他個人收藏的《萬有文庫》全部已出版的圖書。

1934 年 9 月，王雲五又主持編纂《萬有文庫》第二集。與第一集相比，第二集有下列特點。一是加大《國學基本叢書》的分量，由第一集的 100 種至 300 種。王雲五力圖在《國學基本叢書》選輯方面大幅度超越前人，但他經過三次修改入選書目草稿後發現，不可能全面超越前人，只能儘量精選，適度拾遺補闕。他追述道：「取近人

5　王雲五：《商務印書館與新教育年譜》，頁 367。

關於國學入門書目十三種作客觀的衡量，斟酌損益，至再至三，結果三百種中未見於各家入門書目者只十四種。[6]」特點之二是適度加大漢譯世界名著的分量，選入 150 種，比第一集多選 50 種。這部分書籍的取捨，依據的是各國書評與中國讀者的特殊需要。特點之三，以《自然科學小叢書》和《現代問題小叢書》取代第一集中農、工、商、醫等小叢書 11 類。王雲五認為，第二集最大的特色是增加了「《現代問題叢書》五十種，即所以導讀者隨時代之轉輪而俱進也」。特點之四，在參考附錄中補入「十通」，「係以正三通、續三通及劉錦藻之《清續文獻通考》合組而成[7]」。《萬有文庫》第二集計劃出書 2000 冊，共約 1.9 億字。

出版萬冊書，是王雲五多年追求的宏大目標。按照他的如意算盤，《萬有文庫》第一集已有 2000 冊，待第二集 2000 冊完成後，再編印第三集 2000 冊，三集累計 6000 冊，加上正在編印中的《叢書集成》4000 冊，萬冊書的目標有望在 30 年代末 40 年代初大功告成。這一宏大目標既體現出他的勃勃雄心，也反映出他具有大出版家的戰略眼光。出萬冊書，包羅古今中外名著和商務印書館組織編寫的各類圖書，貢獻於社會，為文化知識的傳播建功立業，而王雲五個人奮鬥的輝煌成就也凝聚其間了。這真是「公私兼顧」的美好理想。但是，抗日戰爭的爆發，使這一美好的願望未能完全實現。在抗戰時期，商務印書館分為後方與淪陷區兩部分，編輯力量大為削弱，資產損失嚴重，讀者的需求和購買力也因戰事而發生變化。因此，《萬有文庫》第二集和《叢書集成》尚未出齊的部分，只能在抗戰初期少量地繼續

6　王雲五：〈印行《萬有文庫》第二集緣起〉。
7　王雲五：《岫廬八十自述》，頁 114。

印行，直到抗戰勝利後才勉強完成。至於《萬有文庫》第三集，則永遠停留在計劃階段，未曾付諸實施，以致使《萬有文庫》和《叢書集成》共出書1萬冊的目標無法實現，王雲五為此抱憾終身。

抗日戰爭期間，王雲五從《萬有文庫》第一、第二集中選書500種1200冊，以《萬有文庫簡編》為書名出版，以適應購書能力稍差的讀者的需要。他又針對中學生課外閱讀的需求，從《萬有文庫》第一、二集中精選部分書籍，編入《中學生文庫》。充分利用商務印書館已擁有的出版資源多出書，是王雲五成功經營圖書出版業的一個重要方法。50年代初王雲五去臺灣後，仍念念不忘《萬有文庫》。但他有過一段長時間的從政經歷，無暇顧及出版事務。1964年，脫離政壇半年之後，他被推選為臺灣商務印書館董事長。在考慮如何振興臺灣商務出版業時，他首先想到的就是要繼續利用好《萬有文庫》，打響中興臺館的第一炮。限於編輯力量，又面臨讀者市場狹窄的窘境，在臺灣編輯出版《萬有文庫》第三集顯然缺乏條件。於是王雲五又從《萬有文庫》已有的出版成果上開動腦筋。但他很快發現，身居孤島，諸多不便，即使要將《萬有文庫》第一、第二集和《簡編》收集齊備也很不容易，他不無感慨地憶敘道：

就臺省而言，《簡編》僅得兩部（其中一部為余所藏，然因輾轉出借，殘缺甚多），第一集一部，第二集三部。雖偶可在香港收購，聞第一集需臺幣六七萬元，第二集達十萬元，即《簡編》亦需四五萬元，且往往殘缺不全。欲求一完全無缺者殆屬萬難[8]。

8　王雲五：《岫廬八十自述》，頁115。

於是，王雲五以《萬有文庫簡編》為主要依據，刪除增補，定為 1200 冊，取名《萬有文庫薈要》。《薈要》刪去了《簡編》中史地、科技及現代問題等叢書，這是因為時隔 20 多年，時代環境不同了，科技水準也大大超過往昔，此類叢書已經沒有多少價值。《簡編》中的不少國學著述和世界名著入選《薈要》，這是因為其價值不受時勢變遷的影響。《薈要》另收入《簡編》中沒有的圖書 220 種，將近全部內容一半。勉強湊合而成的《萬有文庫薈要》，其文化價值與社會影響遠遜於《萬有文庫》一、二集，也不及《萬有文庫簡編》。然而這部集錦式的《薈要》出版後，很受臺灣讀者歡迎，銷量很不錯，對於振興臺灣商務印書館，還是起到一定作用的。從 20 年代末第一集開始問世，到 60 年代中期《薈要》出版，《萬有文庫》走完了虎頭蛇尾的歷程。《萬有文庫》系列前後共出書 6400 冊，其出書冊數之多、涉及學科領域之廣、社會影響之大，是同時代其它類似出版物所不能比擬的。今天，上了年紀的知識分子幾乎都讀過《萬有文庫》系列的圖書，對這套叢書讚不絕口。

編輯叢書，是王雲五成功經營出版事業最有效的招數。商務印書館先後出版的大部頭叢書多達 50 餘部，每部多者包括一二千種書，少者也有數百種，大多是在王雲五主持館務和編譯所時期內編印的。叢書之名，始於唐代陸龜蒙的《笠澤叢書》。陸龜蒙在自序中謙稱自己的著述「叢脞細碎」，故以「叢書」為名，但它與後來的叢書完全不是一回事。刊印於南宋嘉泰年間的俞鼎孫《儒學警悟》，堪稱叢書的雛形，但沒有用叢書這一名稱。關於叢書的沿革，王雲五作過一番考證，並做了簡要的概括，兼析已有叢書的特色與不足之處：

名實兼備者實始於明代程榮之《漢魏叢書》，而繼之以《格致叢書》、《唐宋叢書》等。降及清代，叢書之刻愈多而愈精。有仿刻宋元舊槧者，如黃氏之《士禮居叢書》、孫氏之《岱南閣叢書》是；有搜羅甚廣，子目逾百、卷數逾千者，如鮑氏之《知不足齋叢書》、伍氏之《粵雅堂叢書》是；有官府刊刻者，如《武英殿聚珍版叢書》是；有專收郡邑著作者，如《鹽邑志林》、《金華叢書》是。……迄於最近，就名家的叢書目錄所載，叢書已多至數千種，但一察其內容，則名實不符者十居五六，刪改瑣雜，比比皆然[9]。

王雲五對叢書作文獻學上的考辨，本意並不在做學問，而是為他的出版計劃服務。王雲五出萬冊書的理想，是寄託在主持編輯兩部大型叢書之上的，一部是《萬有文庫》，原計劃出版三集共 6000 冊；另一部是《叢書集成》，計劃出書 4000 冊。《萬有文庫》厚今薄古，《叢書集成》則是「厚古」的深化。王雲五立志要選編一部大型叢書，品質要超越所有已編印的古籍叢書。他認為已有的古籍叢書類別紛繁，內容龐雜，令一般讀者無從選擇。他經過半年的搜求探索，相信由他主持選編的古籍叢書必能超越前人的編選，並可以此作為繁榮出版的一個方面。他利用「一·二八」之役後復興東方圖書館的機會，從 1932 年下半年起，把收購古籍叢書作為購置圖書的重點內容，先後收羅價值較高的叢書數百種，加上原涵芬樓所藏善本孤本（在大革命時期涵芬樓珍本已轉移，「一·二八」之役中沒有遭到日軍炮火焚燒）兩者相互補充，優質的古籍叢書大致齊備。1935 年 3 月，王雲五對外界宣佈將刊行《叢書集成》。

9　王雲五 1947 年 6 月在中央大學所作的「舊學新探」演講。

王雲五將宋代以來刊刻的叢書分為普通、專科、地方三大類，類以下用目來區分，入選《叢書集成》的標準為「實用與罕見」，共選入百部，去除其間相互重複的書籍，實存 4100 種，計 2 萬卷。收入《叢書集成》的 100 部叢書中，普通叢書 80 部，計有宋代 2 部、明代 21 部、清代 57 部；專科叢書 12 部，區分為經學、小學、史地、軍事、藝術、醫學、目錄學等科目；地方叢書 8 部，省區、郡邑各 4 部[10]。其中有許多是國內少見的珍稀刊本。後來因全面抗戰爆發，《叢書集成》未能及時按計劃全部完成，前後共印出了 3467 冊，它所遺下未能完成的 533 冊是近年來大陸的出版界續全的。彙編已有的古籍為叢書，並非創始於王雲五，但他主持的《叢書集成》出版計劃，欲薈萃過去叢書的精華為一編，超越前人，則顯出王雲五作為出版家的眼光與氣魄。《叢書集成》的出書形式，既有影印，又有排印，因書的情況、因量的大小而定，由此可以窺見經營者的苦心。《叢書集成》的使用面不如《萬有文庫》那樣廣泛，但對於研讀古籍的人來說，受其嘉惠非淺，許多冷門的古書，可以在《集成》中找到，有相當數量的古書是第一個鉛字排印本。自《叢書集成》問世以來，已有半個多世紀，大部頭的古籍出版項目在海峽兩岸也有不少，但像《叢書集成》那樣的規模還不多見，這就足以使它在中國近現代出版史上站住腳了。

　　編印字典類工具書，是王雲五主持編譯所工作的又一項重點工作。1923 年，他擔任所長的第三年，主持編印了眾多分科詞典。在《自撰年譜稿》中，王雲五將商務印書館過去出版的工具書，與他擔

10　《叢書集成初編目錄》（北京市：中華書局，1983 年）。

任所長兩年內在這方面取得的成績作了一個比較：「商務印書館歷年編印各種詞典不下 20 種，除綜合性之《辭源》外，他如圖書、哲學教育、社會科學、自然科學、文學、史學、史地、人名等，各科各類無不有之。在我主持編譯所前曾經編印出版者，僅綜合性之《辭源》及《植物大詞典》一二種外，所有分科性之 10 餘種皆在我主持下編印，而從本年（1923）開始加強努力，開始增編。」據張錦郎統計，從 1923 年王雲五主持分科詞典編印起，到 1938 年為止，商務印書館新編工具書 175 種，「其中書目 7 種，索引 4 種，字典、辭典 61 種，百科全書 4 種，年鑑、年表 16 種，傳記參考資料 9 種，地理參考資料 25 種，法規 12 種，統計 6 種，指南、名錄 16 種，圖表 12 種」。分科詞典中，影響最深遠、篇幅最宏大的是《教育大辭書》。吳相湘在〈出版家王雲五〉一文中述評道：「《教育大辭書》亦由王發凡起例，朱（經農）續竟全功，這一詞典為中國單科詞典中取材豐富、編制精審首屈一指的。」《教育大辭書》於 1928 年 2 月出版。王雲五對這部辭書的大功告成，也很感榮幸，認為自己「計劃」有功，在該書序言中寫道：「余以承乏本館編譯所，受事之始，計劃出版次第，覺參考書之需要亟者，無如教育辭書。」字典類工具書中，品質較高的首推《辭源》正續編與《綜合英漢大詞典》，均投入大量人力，耗時多年才「磨」出來的。《綜合英漢大詞典》從 1924 年開始編寫，堅持品質第一，「參考數十種英文大字典、詞典，以六七人從事，費時七八年，始底於成。其收字之多、譯名之正，為國內同類字典之首出」。工具書的出版，向來是世界綜合性大出版社的「兵

---

11 王雲五：《岫廬自撰年譜稿》，見王壽南：《王雲五先生年譜初稿》，頁 121。
12 張錦郎：〈王雲五與圖書館事業〉，載臺灣《圖書與圖書館》第 1 卷第 1 期。
13 王雲五：〈七十年與二十七年〉，載臺灣《出版月刊》第 1 卷第 16 期。

家必爭之地」，這一結論近年來大陸的出版界已經逐漸明白，但王雲五在近半個世紀以前就在出版實踐中身體力行了，而且不計工本，於此不得不佩服他出版理念之超前。

編印中小學教科書，也是王雲五很重視的門類，這項工作對於商務印書館有雙重意義：一是參與教材建設，為教育事業做貢獻；二是獲取高額盈利，這是因為商務版的中小學教科書發行全國各地，銷量極大。當然，從印行中小學教科書中獲取的部分盈利，又貼補於有些學術著作和工具書的虧本出版。王雲五向來認為，出書要講究盈利，又不能專講究盈利，6 部書賺了錢，就能資助 4 部學術著作的虧本出版。他接任編譯所所長後制訂的第一套出版計劃中，就明確規定了近幾年的出版原則：「主要為中小學教學教科書，次則編寫參考用的工具書，如《辭源》、新字典等。[14]」此後，每逢學制改革或教育部推出教材新標準，王雲五馬上組織編輯分工合作，趕進度，盡快推出新版教科書，使商務版教科書在同行激烈競爭的局面中始終占取廣大市場。

此外，王雲五還長期堅持出版高品質的學術著作。凡是著名專家學者的書稿，來者不拒。對名氣不大的作者，則嚴把品質關，凡符合學術標準而無政治忌諱的書，一律開綠燈。

在王雲五與同人的共同努力下，商務印書館出版的書籍幾乎佔了國內出版界的半壁江山。從王雲五 1921 年進館到 1935 年，商務印書館推出新書 16725 種，35664 冊，營業額達 15687.5303 萬銀圓。據徐

14　王雲五：《商務印書館與新教育年譜》，頁 119。

有守的研究，在 30 年代中期，商務印書館非但保持國內第一的地位，而且成為世界三大出版商之一，另兩家為 McMillan 與 McCraw-Hill[15]。尤其難能可貴的是，商務印書館堅持出版健康、純正的書籍，從不迎合小市民閱讀口味而降低出版標準，從不出版卑俗猥瑣、黃色無聊的讀物。出版學術專著，首重品質和創意；出版大眾讀物，顧及讀者求知需求，以利於文化的普及。這是商務印書館的出版特點，也是王雲五堅守不渝的出版宗旨。毋庸諱言，出版中小學教材，必須與教育部有關指令相符合，不可能完全做到「學術獨立」。但商務印書館出版的非教材類讀物，盡可能向「學術獨立」這一目標靠攏，「不在政治上趨炎附勢」，編譯所把關甚緊，基本上不出版黨派偏嚮明顯的書籍。力爭做到這一點，在當時的社會環境下也是不很容易的。王雲五制訂出版計劃之前，對社會需求和市場情況瞭解得頗為透徹，時常能洞燭先機，及時推出大批暢銷好書。自從編輯大型百科全書失敗後，他吸取了深刻的教訓，制訂大部頭書出版計劃時極為審慎。此後，除了《中山大詞典》因特殊原因出版受挫外，其它大部書籍的編輯出版，沒有再發生勞而無功或大投入、少產出的問題，從而使編輯力量得到合理而有效的使用，其出版物在實現社會效益的同時，商務印書館和王雲五本人也名利雙收。

儘管商務印書館在國內出版業中一馬當先，但來自同行的競爭仍是很激烈的，尤其是緊追不捨的中華書局，使商務印書館幾度感受到威脅。王雲五任所長和總經理時期，採取靈活手段促銷圖書。1907—1947 年任職於商務印書館的黃警頑回憶道，面臨中華書局等出版單

---

15 徐有守：〈王雲五先生與商務印書館——述介王著《商務印書館與新教育年譜》一書〉，載臺灣《東方雜誌》第 7 卷第 1 期。

位的激烈競爭，商務印書館「在發行方面就放寬尺度，在售價上公開用折扣來爭取客戶，實行薄利主義；但雖有交際拉攏，並不送禮行賄。我在進行推廣工作時，就被授權可以酌情處理，例如顧客原定購買一部《萬有文庫》的，由於我的推行多買幾部，我就可以通知櫃檯上給予同業優待折扣[16]」。在王雲五籌畫下，商務印書館還採取送書上門的方法拓寬圖書銷路，時常在高等院校和中學開展圖書展銷活動、參加各種博覽會，後來又推出流動銷售新方法，把圖書放在汽車上，巡迴銷售。每逢冬季農閒，商務印書館的水上巡迴書船利用河道，把圖書運到江浙農村地區直銷。

王雲五非但是一位有眼光的出版家，而且還是一位善於開動腦筋、善於經營的企業家。人們往往把他的善於經營，同他在三四十年代推行的「科學管理」聯繫起來。其實，在此之前，他就「土法上馬」，想方設法「積極鑽營」了。上述各種靈便的促銷手段，以及前文提到的他對編輯人員工作量的嚴格規定及獎懲措施，無不反映出他在企業經營方面的精明能幹。然而無所不用其極的精明，勢必損及部分員工的切身利益，甚至存在加重剝削的問題，王雲五為此而受到某些指責，可以說是「咎由自取」，也就是說，對他這方面的指責有合理的成分。但是，王雲五在主持編輯工作和經營企業方面的精明，也促進了商務印書館的業務。這是一個問題的兩個方面，從不同角度評價，便會得出不同的結論，從而也使王雲五在商務印書館期間的經歷顯得多色彩、多層面。

兼任東方圖書館館長，首創民營企業藏書向社會開放之先例。舉

---

16 黃警頑：〈我在商務印書館的四十年〉，見《商務印書館九十年》。

辦圖書館學講習班，對外培訓圖書管理專業人才。

王雲五在 20 年代中後期有兩項發明，即中外圖書統一分類法與四角號碼檢字法。這兩項發明都與東方圖書館的成立有關。東方圖書館是商務印書館對近代中國圖書館事業做出的一項貢獻。王雲五兼任東方圖書館館長，在該館籌建、發展過程中起過不小的作用。

東方圖書館的前身涵芬樓由張元濟籌設，收藏了許多珍貴的圖書供編譯人員參考，前文已有交代，於此不贅。20 年代初，涵芬樓所藏中文書籍 20 餘萬冊，英、德、法、日各種文字的外文書約 5 萬冊。王雲五任編譯所所長後，隸屬於該所的涵芬樓也歸他管轄。1922年 4 月，商務董事會議決將商務印書館資本增加到 500 萬元。王雲五利用增資的機會，建議另建圖書館樓，把涵芬樓的藏書分為兩部分，珍本專供內部使用，一般圖書對外開放閱覽。商務董事會通過了這項建議，允准撥款 10 萬元建造圖書館樓，每年撥款 5 萬元用於購買圖書和維持圖書館的日常開銷，並決定由王雲五負責籌建新館事宜。1924 年 3 月，商務印書館新的圖書樓建成，定名為東方圖書館，坐落在閘北寶山路商務總廠的對面，五層鋼筋水泥結構，配有陞降式電梯。1926 年 5 月 3 日商務印書館慶賀創業 30 週年之際，宣佈東方圖書館正式對外開放，供公眾閱覽藏書。開館之初的佈局為，「一樓陳列商務的出版品，二樓是閱覽室，三樓另闢一室，專儲善本，仍名為涵芬樓，餘為商務出版品保藏室，四樓為書庫，五樓庋置雜誌報章[17]」。東方圖書館設有董事會，高翰卿、鮑咸昌、張元濟、高夢旦、王雲五為董事。王雲五兼任館長，下設總務、中文、西文三部，

---

17 張錦郎：〈王雲五與圖書館事業〉，載臺灣《圖書與圖書館》第 1 卷第 1 期。

每部有主任一人，以及管理員、庶務員和書記員若干名。

　　商務印書館作為一家民族資本企業，獨家出資辦起大規模的圖書館，是很不容易的，在中國圖書館事業發展史上也佔有一席之地。新式圖書館在中國興起，肇始於晚清的西學東漸，但直到民國前期，發展速度還是不夠快，向社會開放的圖書館更少。正如王雲五所說的那樣，「清末變法議起，朝野知圖書館為教育要務」，各大城市皆有建立圖書館的設想，然而「顧數十年間，圖書館運動之聲浪雖時有所聞」，而名副其實的圖書館並不多，對外「公開者尤鮮[18]」。直到「五四」新文化運動興起，設立新式圖書館才真正得到重視，逐漸付諸實踐，並學習使用新式經營方式，「一時各大學圖書館，如北京大學圖書館、清華大學圖書館、南京東南大學、金陵大學、上海交通大學，都聘請專家，從事改革，而河南、安徽、江蘇、浙江、湖北、廣東等省的省立圖書館，也都著手改用新式方式，現代圖書館運動，在中國熱烈地開始[19]」。但是大學圖書館一般不向社會開放，一些省立圖書館倉促上馬，藏書並不豐富。東方圖書館首先宣導以私家藏書向社會開放，從一開始就採用先進的開架閱覽方式。東方圖書館閱覽室陳列中西圖書 2 萬餘種，供讀者自行取閱。王雲五於 1929 年 11 月在無錫民眾教育館發表關於圖書館學的演講，指出開架閱讀的好處，一可以節省圖書館員用於借還書的時間，二可以免去有些讀者怕羞的心理。他還風趣地說，不怕偷書，若有人偷書，就算圖書館經營成功了。東方圖書館於 1929 年春增設流通部，1931 年 5 月 6 日起開辦圖書外借業務。凡欲外借圖書者，向銀行交納 5 元，以存摺為保證金，

18　王雲五：〈東方圖書館概況〉，見《岫廬論學》(臺北市：臺灣商務印書館，1966 年)，頁 330。
19　甘肅《民國日報》，1945 年 4 月 8 日。

再交 1 元手續費，便能將圖書借出館外閱讀。由於上海「官辦」的圖書館起步較晚，上海市政府在東方圖書館對社會開辦外借閱覽業務之前，便要求該館允許政府機關人員外借圖書，並達成協議。上海小規模的市立流通圖書館建於 1930 年，直到 1932 年才建成第一所由政府開辦的圖書館。東方圖書館還添設兒童圖書館，於 1928 年 3 月 19 日開館，有西式平房 5 間，在東方圖書館南面，每天下午 3 至 6 時開放，以便放學的小學生閱覽。1932 年 1 月，東方圖書館又成立研究部，專供學者在館內作長期研究之用。研究部是王雲五考察國外圖書館後設立的，在國內也屬首創。王雲五還開辦圖書館學講習班，利用暑假講課，學員來自機關、學校等單位。王雲五講授由他發明的四角號碼檢字法、中外圖書統一分類法，以及編卷法、著作者排列法、圖書選擇法、圖書館行政用具等。講授 1 周，實習 5 周[20]。

1924 年 6 月，上海圖書館協會成立。王雲五擔任上海圖書館協會委員、委員長。1928 年 2 月，王雲五擔任過大學院譯名統一委員會主任。同年 5 月，大學院召開全國教育會議，王雲五提議成立中央圖書館，獲大會通過。翌年 2 月，王雲五任中華圖書館協會執行委員。

王雲五、張元濟等人利用自己的社會關係，想方設法向各地收購圖書，到 1931 年底，東方圖書館藏書增至 50.02 萬冊，比 1926 年開館時的藏書量增加了 1 倍。對於東方圖書館豐富的藏書及其社會影響，王雲五是很引以為自傲的，他在《我的圖書館生活》一文中寫道：「東方圖書館以其藏書之富，在當時全國首屈一指，並為我國公

20　《教育雜誌》，第 20 卷第 11 期。

開的私人圖書館樹立楷模，於是好學之士每日來館閱覽者，至為踴躍，而國內圖書館人士遠道來上海參觀，以資取法者，亦絡繹不絕。」不幸的是，1932 年「一‧二八」戰役中，東方圖書館和商務總廠毀於日軍燃起的戰火。王雲五表示要「為中國人爭點氣」，他懷著民族義憤和復興圖書館業的雄心，頗有激情地表述道：

　　日本帝國主義者認為商務印書館是中國人自辦比較有點規模的企業，覺得有些討厭，便首先把它炸毀。我認為一打便倒，便不會翻身，這是莫大的恥辱，所以極力要把它扶起來。日本帝國主義認為商務印書館出版的圖書雜誌多有提倡民族主義和反對帝國主義的，也覺得討厭，便趁勢一火把它燒盡。我認為一燒便不能復興，也是莫大的恥辱[21]。

　　商務董事會於 1933 年 4 月 5 日議決，每年提取部分盈餘用於復興東方圖書館；4 月 29 日議決設立東方圖書館復興委員會，推定張元濟為主席，蔡元培、王雲五為常委，胡適、陳光甫為委員，聘任潘光迴為書記。商務董事會還決定聘請英、德、法、美人士組成四國讚助委員會，以便收集外國圖書；在國內則於南京、杭州、北平、廣州、濟南、漢口、長沙成立讚助委員會，由羅家倫、郭任遠、袁同禮、金湘帆、何思源、楊瑞六、曹典球分別負責辦理。重新收集的圖書暫時存放在商務印書館發行所四樓，後來移存到靜安寺路 1025 弄174 號。到 1934 年秋，通過購買和獲得捐贈，商務印書館籌集到新書近 10 萬冊。其中，德中友好協會等德國團體捐書 3000 冊，由德國駐滬領事克乃白（Krebel）代表贈送；上海法租界公益慈善會捐書

21　王雲五為《東方雜誌》第 29 卷第 4 期撰寫的卷頭語。

1500 冊，由法國駐滬總領事博多斯（M. Baudez）代表贈送。到 1937 年 8 月，商務印書館已擁有圖書 30 餘萬冊[22]。商務董事會還籌款 19 萬元，計劃在 1940 年之前建造新的圖書館。但是，1937 年「八一三」滬戰爆發，商務印書館復興圖書館的計劃被迫中止。直到抗戰後期的 1944 年夏，王雲五才在重慶白象街另建圖書館，藏書約 2 萬冊，定名為東方圖書館重慶分館。

創制中外圖書統一分類法，一度被普遍採用，為推進我國圖書館學起過階段性積極作用。但此法技術要素過於複雜，且依附杜威分類法，終於被時代所淘汰。

在東方圖書館籌辦期間，王雲五考慮到需要有一套合理的圖書分類方法，以便檢取書籍。原先涵芬樓藏書的分類法，與其它圖書館有相似之處，中文古籍用四庫法，再參酌叢書部分類法，以彌補不足；外文書用杜威十進法分類；中文新書採用自行制訂的分類法，分為哲學、文學、理科等 14 類。王雲五認為，國內圖書管理太落後，圖書分類不科學，「要採用何種分類法始能統馭中外新舊之圖書，實有研究之必要」[23]。那時，國內還沒有成系統的圖書分類法，圖書館學尚未形成，圖書館員也沒有經過正規培訓，各圖書館參酌中國傳統的圖書分類法與國外若干種分類法，自搞一套，因而圖書分類五花八門，檢索很不方便。王雲五認為，搬用某種外國圖書分類法，不能有效地解決中文圖書的分類，而中國傳統的分類法更不管用，「我國舊日的四部分類法頭緒粗疏，專供舊書的分類尚覺不適於用，況現代圖書館

---

22 宋建成：〈岫廬先生與東方圖書館〉，載臺灣《中國圖書館學會會報》第 31 期。
23 王雲五：〈我的圖書館生活〉，見《談往事》。

兼收西方新籍與其譯本，及近人對新學術的著述，其不能以舊法為之統馭更屬顯明」。[24]於是，王雲五著手研究一種兼顧中外圖書特點的分類法，經過 3 年摸索，於 1927 年 4 月完成中外圖書統一分類法。這種圖書分類法問世後，曾被不少圖書館採用，對我國近代圖書館學的形成產生過一定的影響。

我國傳統的圖書分類法源自西漢劉歆的《七略》，傳承到隋代，先後形成了七分法與四分法兩大類型，唐代官修的《隋書·經籍志》採用了四分法，並確定了經、史、子、集的名稱和順序，從此四分法在傳統圖書分類上沿用不衰，直到清代編纂的《四庫全書總目提要》，又對之做了進一步的完善。四分法雖然比較符合中國傳統典籍的實際，但仍存在分類不合理的問題，而且各部類之間存在著很大程度的交叉重複、難以歸類，各部書籍多寡也存在不平衡現象。進入近代以來，大量西學新知的傳入，更加劇了舊分類法與圖書實際不相吻合的矛盾。四部分類法不能繼續適用於圖書的分類，已是不爭的事實。西方圖書分類的源起，可以追溯到古希臘時期亞里斯多德對學科的分類。他把學科分為理論的科學（數學、自然科學）、實踐的科學（倫理學、政治學、經濟學、戰略學、修辭學）、創造的科學（詩學）。17 世紀初，英國哲學家弗蘭西斯·培根在此基礎上再細分類別，堪稱近代西方圖書分類法之濫觴，但仍難以合理地統馭各類圖書。此後，西方圖書分類法隨學科發展而漸趨詳密，就其分類形式而言，不外乎三種方式：一是以字母為符號，二是以數位排順序，三是字母與數位結合使用。由於第三種方法適合於圖書的精細分類，為多

24　王雲五：〈我的圖書館生活〉，見《談往事》。

數國家所採用。這種方法，字母通常使用 26 個英文字母，列在最前的字母為大類，第二個字母為中類，其後的數位再細分類別，例如用 HB568、CN623 等形式表示某種圖書的類別與細目。美國的杜威分類法屬於第三種分類法，在近代中國圖書界頗為流行。但是，杜威分類法留給中文書籍編目的空間很少。於是，國內圖書館大多實施「兩分法」，外國書籍的分類採用杜威分類法，中國書籍另成檢索系統。另一些圖書館將杜威的分類歸併為若干大類，如將哲學、宗教兩類歸併為一類，以便留下較多的空間容納中國圖書目錄。

　　針對上述圖書分類不盡人意之處，王雲五指出：「中外的學術本有可以溝通之處，卻因分類法之作梗，硬把性質相關或相同的書籍排列於距離很遠的地位，這不只是在參考上很不方便，而且強於中西學術間劃一鴻溝，尤為不當。」因此他提出，中國的圖書分類法，要有利於外文原著與中文譯本並列在一起，中國古籍也應該與內容相近的外文書籍歸為同類，「凡已按杜威氏分類法編號排列的外國文書籍，亦不因中國特有書籍之插入而有變更其地位之必要[25]」。根據這一基本思路，王雲五探求解決問題的具體辦法，苦苦思索了幾個月，未得要領，卻在不經意間，從門牌號碼的英文字母上激發起靈感：

　　我因為幻想怎樣創造新類號的方法，有一天偶然看見鄰近新造的房屋釘上門牌，這所房屋是介於一百八十三號和一百八十四號之間，因此它的門牌便作為一八三號 A。我從這裏忽然得著一點啟示，以為房屋的號數既可用 ABCD 等來創造新號碼，那麼圖書館的分類何嘗

25　王雲五：〈我的圖書館生活〉，見《談往事》。

不可仿照這意思[26]。

　　由此聯想打開新的思路，王雲五設計出一種新的圖書分類法，以不變動杜威的分類號為前提，自行創設「＋」、「＋＋」、「±」3 個符號，均附加於杜威的分類號之前，用以表示中國特色的書籍。茲將這三種符號的用法簡要說明如下。

　　「＋」表示「中國的」，凡加有「＋」的杜威分類號，在排序時必須排在無「＋」號的同號碼之前。例如，在杜威分類法中「323.1」表示民族運動，王雲五的分類法中以「＋323.1」表示中國的民族運動。

　　「＋＋」與「＋」本質上相同，但「＋」只解決了中外可以比附的圖書門類，如遇到大類能比附而小類不能比附的場合，例如哲學，杜威分類法自有一套小類，而中國古代哲學僅在大類上與杜威分類法相符，以下的小類可以說完全不同，若勉強插到杜威的分類中，勢必新舊夾雜，仍起不到便利讀者的作用，這時就要用到「＋＋」了。簡單地說，「＋＋」只用在不帶小數點的杜威分類號上，在排列時不分開。例如，「＋＋110」至「＋＋119」連在一起，排列在杜威分類號的「110」之前。

　　「＋＋」解決了小類的細分問題，但沒有深入到杜威分類的小數一級，「±」就是為此而設置的。「±」也是附加在帶小數點的分類號前，它與「＋」不同的是，「±」後的小數分類號是出於適應中國特點的細分。例如，杜威分類中以「327」表示外交，要表示中國外交，固然可以「＋327」來處理，但進一步的中美（327.1）、中日

26　王雲五：〈我的圖書館生活〉，見《談往事》。

（327.2）、中英（327.3）等等的門類就無法處理了，這時可以將整個「327」類都加上「±」號，連在一起排列在杜威分類的「327」之前[27]。

基本的類別問題解決之後，還要處理進一步細分的問題。因為在同一個門類中，既有內容的時代與地區之別，又有作者的不同。同樣是經濟史，以地區言有國別（如英國、日本），以時代言則有古代、近代等；同樣一本古代經濟史，作者又可能是不同國家、不同時代的人。在圖書分類中，必須對此予以區分排列。王雲五在他的分類法中，是結合他自己發明的四角號碼來解決這一問題的。

中國的地名用四位數來表達，其中的前二位表示省名，後二位表示縣名，各取該省、縣名前兩字的四角號碼第一位。例如江西南昌表示為3146，其中 31 為江西，46 為南昌。江西兩字的完整四角號碼是3111、1060，各取第一位則為 31；南昌兩字的完整四角號碼是4022、6060，各取第一位則為 46，加在一起即為 3146。歷史時期的表達，仍沿用杜威分類中的「95」，在「95」之前加「≠」號表示中國歷史分期，再在 95 後加整數表示中國歷史時期的具體劃分。例如，「≠952」表示秦漢以前，「≠953」表示三國及南北朝等。

至於作者姓名，王雲五是利用四角號碼把中外著作者的姓名統一編號。中國作者，姓取前兩位號碼，復名各取第一位號碼，如蔡元培表示為 4414；單名則姓與名各取前兩碼，如丁玲表示為 1018。外國作者，另設號碼與字母對照表，用 0 至 9 十個數碼代表 26 個字母，

---

27 參見王雲五：〈中外圖書統一分類法緒論〉，見《岫廬八十自述》，頁 88-89。

每個數碼少則代表兩個字母，多則有三四個。王雲五在這上面也頗費了一番腦筋，以音近和形近來進行結合。例如，他以數字 0 來代表 A、O、H 三個外文字母，0 是第一個數碼，A 也是第一個字母，而 O 的發音與 A 相近，H 讀哈（ha），亦與 A 接近。根據這個對照表，外國作者取姓的前四碼，如果再要細分，可以加取名的前兩碼組成 6 位數。據此方法，外國作者的姓名不必譯成中文，即可同中國作者一樣編號，按圖書分類需要列在一起。

完成中外圖書統一分類法之後，王雲五督同涵芬樓員工，整理所藏 20 餘萬冊中外圖書，古籍善本、孤本仍留在涵芬樓，按原來的方法保管，其餘的書籍都按照中外圖書統一分類法進行分類編目，為東方圖書館正式開館作準備。對於自己創設的圖書分類法能順利地得到運用，王雲五當然是很高興的，他自我評價道：「結果證明依此分類法每書各有一定地位，無論從分類的卡片或在書架上檢閱均甚便利；加以那時候我先有四角號碼檢字法的發明，對於圖書館索引片的編制排列，可使檢查極為便利。」經過一年多時間的書籍整理、分類編目，東方圖書館終於在 1926 年 5 月對公眾開放。

蔡元培很關心我國的圖書館事業，對王雲五創設的圖書分類法頗感興趣。1928 年王雲五寫成《中外圖書統一分類法》書稿，將它交給蔡元培「請教」。蔡元培欣然為之作序，介紹了這種分類法的主要優點：

（一）王雲五先生博覽深思，認為杜威的分類法比較的適用於中國，而加以擴充，創出新的號碼，如「+」、「++」、「±」之類，多方

活用。換句話說，就是一方面維持杜威的原有號碼，毫不裁減；一方面卻添作新創的類號來補充前人的缺點。這樣一來，分類統一的困難便可以完全消除了。

（二）著者姓名，中文用偏旁，西方用字母，絕對不能合在一列。若是把中文譯成西文，或把西文譯成中文，一定生許多紛歧。其它如卡特所編的姓氏表，於每個姓氏給以一個號碼，也是繁雜而無意義。要一種統一而又有意義可尋的方法，莫如採用公共的符號，可以兼攝兩方的。這種公共的符號，又被雲五先生覓得了[28]。

長期從事圖書館學研究的蔣復璁，對王雲五發明的圖書分類法，從學理依據和社會影響角度作了評價：

當時出版分類法及索引法的很多，雲五先生在商務印書館革新發展的時候也就已經發明了分類法，他是參照比利時國際目錄學院擴展杜威分類法來編制，增加中文圖書的分類。這個分類法有學理上的依據，是一種杜威圖書分類法的擴大，中西圖書可以編在一起，影響很大，當時用的圖書館也很多[29]。

至於中外圖書統一分類法的使用，對於商務印書館內部，首先運用於東方圖書館藏書的分類、編目，而後運用於《萬有文庫》第一、二集以及《叢書集成》初編的分類編目；對外，則逐漸被眾多的圖書館所採用。據莊文亞 1934 年編寫的《全國文化機關一覽》一書所載，採用王雲五分類法的各圖書館中較具規模的有 20 餘所，其中包

28　王雲五：〈蔡孑民先生與我〉，載臺灣《傳記文學》第 2 卷第 2 期。
29　蔣復璁：〈我所認識的王雲五先生〉，載臺灣《傳記文學》第 35 卷第 7 期。

括湖北、湖南、江蘇、陝西等省立圖書館。據何多源統計，1936 年國內圖書館所用分類法，以王雲五創制的中外圖書統一分類法為最多[30]。這或許與大量中小型圖書館因購買《萬有文庫》而建館有關，因為屬於《萬有文庫》的書，在書背上均印有中外圖書統一分類法的分類號和著者號，這些圖書仍舊按此現成的編號作圖書分類了。上海採用過王雲五分類法的圖書館有市立、東方、青年會、浦東中學、申報流通館等，臺灣商務印書館出版的書，一直堅持在封底上端印上中外圖書統一分類號，儘管從 50 年代起王雲五分類法已很少為圖書館所採用。

王雲五創造的中外圖書統一分類法最大的優點是便於把性質相同的書歸在一起，不同性質的書不會混雜其間，即使中西文書也能按其性質相同並列而不必分開。然而，王雲五分類法的不足之處也是很明顯的，主要是不容易掌握，使用也不很方便。大凡任何一種圖書分類法，都無法做到完全解決問題，在運用分類法編目時，總會摻雜分類者的主觀見解，使用者必須搞清路數才能找到需要的書；圖書分類的具體類別，一般也不是外行一下子所能掌握的，沒有適當的指引，普通讀者是記不住名目繁多的分類的，即使是圖書館的工作人員也要依靠分類手冊來操作，這些都不是王雲五分類法獨有的毛病。關鍵在於，好的分類法應該把主觀隨意性限制在最小的範圍之內，而王雲五的分類法由於添加了多種符號，無論在圖書排架和分類上都增加了許多需要判斷的問題，這無疑是增添麻煩。其次，王雲五創制分類法的主要注意力集中在中外圖書統一分類上，並且以中國圖書排在外國同

30　張錦郎：〈王雲五與圖書館事業〉，載臺灣《圖書與圖書館》第 1 卷第 1 期。

類圖書之前的形式來張揚民族自尊，這勢必要放棄其它的某些方便之處來實現這一點。須知統一分類如果搞不好，將會兩面都不討好，王雲五的分類就有這種情況存在。而且，王雲五並不是對現有分類法作脫胎換骨的改造，而是在杜威分類法的基礎上修修補補。從有利的方面來說，這樣做容易成功；從不利方面來說，則其命運必將依附於杜威分類法，而缺乏自己久長的生命力。當然，在王雲五與商務印書館的全盛時期，還可以借助商務印書館在全國出版業上的實力，把分類號印在書上進行推廣，但時過境遷之後是否仍然行得通呢？歷史的發展已經回答了這個問題。

20 世紀二三十年代，我國的圖書分類法及索引法尚處於探索階段，王雲五創制的中外圖書統一分類法可謂別出心裁，獨樹一幟，採用這種分類法的圖書館一度幾乎佔了半壁江山。儘管王雲五的分類法最終被淘汰了，但對我國圖書分類法趨於合理，起過階段性的積極作用，在我國圖書館學及目錄學的發展史上應該佔有一席之地。

研究數年，四角號碼檢字法一炮打響，王雲五名利雙收。四角號碼究竟是發明，還是「改進」？

王雲五從事過不少改革，喜歡創新，有成功，也有失敗，有的已漸漸被歷史塵埃掩蓋，有的至今仍有相當的影響。例如，他多次在商務印書館推行改革，在國內出版界率先推行企業的「科學管理法」，現在中國出版業中的某些改革措施與王雲五的思路很相似，但他們未必是仿傚了王雲五，有的甚至連王雲五曾作過類似的嘗試都不甚了了。新中國成立前夕，「幣制改革」一敗塗地，過來人對金圓券的禍

害記憶猶新，但他們未必知道金圓券發行方案是由王雲五擬定的。中外圖書統一分類法火紅過一陣，而今已不再為圖書館所採用，連大學的圖書館專業的課程中也未必提到它。即使他晚年寫的大部頭學術著作，在大陸也很少有人聽說過。但國內 50 歲以上的知識分子，幾乎沒有不知道「王雲五」的，除了他的大名作為主編印在《萬有文庫》和《叢書集成》每一冊的扉頁上之外，絕大多數人恐怕是因四角號碼檢字法而知道他的。提及四角號碼便想起王雲五，提及王雲五也時常會聯想起四角號碼。在許多人的心目中，王雲五便是四角號碼，四角號碼便是王雲五。

在王雲五發明四角號碼檢字法之前，漢字檢字法需要改革已是人們的共識，尤其是進入民國以來，各種知識大量傳入，工具書的編纂非常迫切，檢字法的問題自然而然地提上了日程。當時從事檢字法改革研究的人有好幾十個，但他們大多只致力於對部首進行改革，思路未能越出常規。部首法是資格最老的檢字法，自從東漢許慎《說文解字》創始以來，歷代字書沿襲因革，清代的《康熙字典》對傳統的部首系統進行了刪繁就簡的改造，它所確定的 214 個部首一直沿用到民國前期。部首歸類雖然著眼於漢字的形體，但又與字義有著千絲萬縷割不斷的聯繫，對於相當一部分歸類特殊的難字，檢字者往往感到困惑，甚至無從著手查找。而且，部首法不十分適用於初學者。其時，在清華大學任教的林語堂對改革檢字法也深感興趣，在取得若干研究心得之後，於 1924 年夏同高夢旦取得聯繫，希望能得到商務印書館的資助。高夢旦本人已研究部首改革多年，獲悉林語堂的研究有所進展，欣然應諾玉成其事，並徵得王雲五的同意。據王雲五自述：「我

從高夢旦之介，於本年暑假與之訂約，暫定一年為期，由商務印書館補助其研究費，而由林先生以其研究經過按月簡單報告，寄交商務編譯所。」王雲五坦言，在改革檢字法方面「直接鼓起我的研究興趣者，便是林語堂先生[31]」。林語堂將漢字分為 5 母筆 28 子筆，從字的首筆著手研究。以「鯉」字為例，從而查得部首為魚部，再從魚部檢得鯉字。後來，林語堂覺得這種檢字法未必簡捷，考慮改從末筆研究，但沒有拿出像樣的研究成果。1924 年 10 月，王雲五將林語堂幾個月的研究報告通看了一遍，認為這條路很難走通，於是想自己嘗試新的檢字法。那時，王雲五探索圖書分類法已有半年之久，一直在思索如何把數位和英文字母合理地組合起來，由此聯想到用數字排列的方法來解決檢字難的問題。他還注意到，漢字按部首歸類，無法解決各部首下轄漢字多寡懸殊的矛盾，也就是說，部首確定後，再按筆劃區分漢字仍很麻煩。例如，《康熙字典》中的草頭部收字 1900 餘個，部下雖有筆劃區分，但要查找某個字還得花費一番工夫。而且，包括林語堂、高夢旦在內的數十人悉心研究部首改革，卻得不出一套眾人認可的方案，這也反映出走部首改造這條路很不容易。於是王雲五努力尋求其它突破途徑。他說：

　　由於我的好奇心與求知欲，接連數日深思熟慮，覺得唯有以號碼代替部首，既有無限量之號碼可資利用，而各部首之順序一望而知，實最方便。……遂從此悉心研究，朝斯夕斯，甚至夢寐求之。結果於次年（1925）3 月，無意中發明所謂號碼檢字法[32]。

31　王雲五：《岫廬八十自述》，頁 91-92。
32　王雲五：《岫廬八十自述》，頁 92。

任何有價值的發明創造，都不可能於朝夕之間一蹴而就，而且也離不開以他人已有的研究成果作為自己向前躍進的起跑線。王雲五苦思冥索近半年，才把思路轉向號碼檢字法。他的思考依據有三個來源，一是研究他人已取得的部首改革成果。他研究後認為應增加部首，使每個部首收容的字數「減至最低限度」，而且新增加的部首要容易確定，使之「各有其自然的順序」。這一思路還沒有脫離部首法的框架。他進而思考如何讓部首法改革到「容易」和「有序」，但想不出有效的方法，於是認定不越出部首檢字法便難以取得大的進展，從而聯想到第二步，即參照英文字母與數位相結合的方法。這一方法的思路來自於杜威的圖書分類法。然而，王雲五試用英文字母來檢索漢字，很快就碰壁了，於是他把注意力集中到對數字排列的研究上，但又發覺按圖書類別分列的數位，與單個漢字的檢索相距太遠。思考如何做好按單個漢字來編列數位，使他的研究進入了第三個層次，即進入號碼檢字法的探索，啟示來自電報號碼。也就是說，電報號碼成了他發明新式檢字法的第三個思想來源。在漢字的電報號碼標記法中，每個漢字有一個對應的數字電碼，收電報時按碼檢字，難度不大。但拍發電報，就得按漢字逐個從電報字表中找到相關的號碼，這就比按號檢字難得多，只有專門技術人員才能熟練操作。因而，王雲五面臨新的難題是，如何使按字查號方便易行，用他本人的話說，「就是專從每個字觀察一下，無須借助其它表式，自然而然獲得一個代表此字的號碼」。

　　部首與號碼一時聯繫不到一起來，王雲五試著按筆劃拆解漢字，他白天想，晚上想，走路時想，睡覺時也想，吃飯時還在想。有一天

吃飯時，王雲五擺弄著筷子，腦子裏還是在想著筆劃、數碼，他想到，用筆劃來統轄漢字，最多不過三十幾畫，漢字的常用字有 1 萬左右，這樣，每一個筆劃平均所統的字有 300 多個，何況有的筆劃所統字數不到 300 個，有的筆劃所統字數多達七八百個。顯然，筆劃之外還要有東西來進行區分。王雲五進而從簡單的漢字想起，例如「天」字，論筆劃只有四筆，但分析起來卻是二橫、一撇、一捺，這不就是個三位數碼了嗎？照此辦理，將筆劃化為有序的數字，不就能產生新的檢字法了嗎？王雲五心頭一亮，喜不自禁，他回顧道：「我想到這裏，不覺得把桌子一拍，大笑起來，家人見此情形，不知就裏，竟以為我要發狂，殊不知我的新檢字法就在這時候開端了。[33]」被親友笑話為「異想天開」的他，恰恰以拆解「天」字為切入點，開闢了漢字檢索法的新領域。此後，王雲五經過 3 年孜孜不倦的研究，才使號碼檢字法逐漸趨於完善。這是一個不斷克服困難的過程，也是一個充滿創新喜悅的研究過程。

王雲五首先把筆劃分為五類，第一類是橫和挑，第二類是直和直鉤，第三類是撇，第四類是點和捺，第五類是各種屈折。五類筆劃分別以數碼表示，在編碼時，依次計算字中該類筆劃有幾畫（無該類筆劃的以 0 表示，九畫以上的均以 9 表示），依序排列，組成一個五位數。例如「天」字有二橫，第一類以 2 記之；無直、直鉤，則第二類記為 0；有一撇，第三類記為 1；有一捺，第四類為 1；無屈折，則第五類為 0，由此得出「天」字的編碼為 20110。運用這種方法，王雲五把 1 萬多個較常用的漢字一一編號，共得到 5980 多個數碼，平

33　王雲五：《岫廬八十自述》，頁 92。

均每碼僅容兩個字，重複率很低。他為之欣喜若狂，以為大功告成了。但仔細研究之後，他發現仍有不便利之處。首先，查找筆劃較多的字，需要分別計算五類筆劃，既費時間，又容易出錯。其次，漢字有許多異體字，外形大致相近，僅在字的內部有所區別。而按他的方法，橫、直之類的筆劃一有變化，編出的數碼便不同，這樣就會使寫法略有差別的同一個字分隸兩組數碼。由於存在這兩個弊端，以筆劃定位數目的編碼法只能棄之不用。但王雲五堅信，按號碼順序檢字理應是最便捷的方法，此路不通，必有其它途徑能走通。

針對筆劃定位數目的癥結，王雲五作了兩項改造。第一，筆劃形狀與數碼掛鉤的思路仍予保留，但形狀不與數碼的位次相關，數碼也不再表示筆劃的數目，改為直接以 0-9 表示筆劃的種類。第二，只取漢字四個角的筆劃來編碼，不再一一細劃漢字的全部筆劃。由此著手，王雲五初步研究出四角號碼檢字法。他於 1925 年 5 月 3 日寫成《號碼檢字法》一文，發表於《東方雜誌》22 卷 12 號；同年 11 月 20 日又撰寫《四角號碼檢字法》，發表於《東方雜誌》23 卷 3 號。發表研究成果的半成品，雖有急功好名之嫌，但也含有防備他人侵犯著作權的深意。這兩篇文章後面均注明：「本檢字法有著作發明權，未經著者同意不得採用或翻印。著者已照本檢字法編成字典、詞典數種在排印中。」所謂已經在用新的檢字法排印字典，是王雲五虛張聲勢，其用意在於阻止他人非法使用他發明的檢字法。這時，王雲五一面繼續研究修訂四角號碼檢字法，一面請名人作序，準備出單行本進行推廣。1926 年 4 月 23 日，胡適在上海寫〈四角號碼檢字法序〉，在序文結尾部分寫道：

我以為王先生新發明的法子確是最容易，最方便，應用最廣的法子。依我看來，這個法子是可以普遍採用的。他的最大阻力是兩大魔鬼：一個是守舊，一個是懶惰，守舊鬼說：「仍舊貫，如之何？何必改作。」懶惰鬼說：「這個法子很好，可惜學起來有點麻煩，誰耐煩費幾分鐘去學他呢？」

　　為了便於初學者記熟 9 種號碼的筆劃，胡適在這篇序文中編了一首歌訣：「一橫刀，二三豎，撇四，又撇五，點捺同是六，有叉變成七，左鉤右鉤八九畢。」從這首歌訣中可以知道，直到 1926 年 4 月，四角號碼檢字法尚未臻完善，與兩年後推廣的編碼方法還有很大的不同。《四角號碼檢字法》於 1926 年 4 月初版，1928 年 5 月修訂再版，同年 10 月再次修訂出版[34]。王雲五自撰《四角號碼檢字法序》，並附有蔡元培、胡適、高夢旦、吳稚暉等四人作的序文。王雲五向來很敬重蔡元培，並善於利用蔡元培的聲望為商務印書館為自己擴大影響。王雲五在〈蔡孑民先生與我〉一文中寫道：「對於商務印書館編寫出版方面有所創作，事先輒向蔡先生請教，個人偶有作述，亦幾乎無一不請蔡先生指正。」蔡元培則幾乎有求必應。他看了四角號碼檢字法的書稿後，欣然命筆作序，序文的最後一段著重肯定了王雲五的獨創性：

　　中國人創設這一類方法的，我所知道，自林語堂先生五母筆二十八子筆始。林先生的草案雖五六年前曾演給我看，然而他那具體的排列法，至今還沒有發表，我還不能親自演習，究竟便利到何種程度，我還不敢下斷言。最近見到的，就是王雲五先生這種四角號碼檢

34　關國煊：〈王雲五小傳稿〉，載臺灣《東方雜誌》第 53 卷第 3 期。

字法了。他變通永字八法的舊式而歸納筆劃為十種，仿照平上去入四音的圈發法，而以四角的筆劃為標準；又仍以電報號碼的形式，以十數代表十筆，而以 0 兼代無有筆劃之角。這種鉤心鬥角的組織，真是巧妙極了。而最難得的是他自己預定的八原則，都能絲絲入扣。王先生獨任其勞，而給人人有永逸的實用，我們應該如何感謝呢？

胡適則根據王雲五修訂後的檢字法，改寫了先前撰寫原序文中的四角號碼歌訣，很有助於初學者的誦記：「一橫二垂三點捺，點下帶橫變零頭，叉四插五方塊六，七角八八小是九。」

四角號碼檢字法研製成功後，王雲五不再堅持著作權，而且還設法大力推廣。在 1928 年 5 月 15 日全國教育會議上，他建議大學院通令全國的圖書館採用四角號碼。他通過多種途徑舉辦檢字比賽，參加者使用筆劃法、注音字母拼讀法、四角號碼法以及各類部首檢字法，使用四角號碼檢字法者屢屢獲得優勝。「此種檢字法經上海中小學校實地測驗、東方圖書館暑期研習會之實驗、商務印書館發報處十四家定戶之排列實驗等，均證明迅速、簡易、正確。[35]」於是，王雲五滿懷信心，要把這先進的檢字法運用於工具書中，體現其實用價值。他先是將商務印書館已出版多年的《國音學生字彙》剪貼重編，改用四角號碼檢字，但發行量並不大。王雲五原先的想法是，學生大多還沒有熟練掌握注音字母檢字法，把《國音學生字彙》改排為四角號碼檢字，很可能受歡迎。但這本注音字典原先有按部首排印的版本，使用者狃於習慣，不願改用新方法查閱。王雲五遂改變主意，決定重新收集資料，另編一本工具書。他使用二三名助手，並動員家人親朋幫

---

35 王壽南：《王雲五先生年譜初稿》，頁 152。

忙，化了半年多時間，編成一本新的字典，其特點是按四角號碼順序檢字，語體釋義，橫行排版，取名為《王雲五大辭典》。這部字典的名稱堪謂字字精彩，「王雲五」三字列其首，一則為自己揚名，二則為四角號碼做廣告；「大」字顯示其內涵豐富，非一般工具書可以比拼的；「辭典」兩字，表示不同於字典，在普通讀者心目中，辭典必優於字典。從這部工具書的命名上，可以看出王雲五作為出版家，很懂得商戰的訣竅，善於促銷商務產品。王雲五在晚年時回憶此事，有自嘲之意，而語言不失幽默：「彼時，我對於字書視野殊狹，其所謂『大』，僅為對於後此所編之《王雲五小辭典》相對語，實際是書僅中等程度之普通辭典而已。[36]」由於大力宣傳和推介，四角號碼檢字法得到眾多讀者的認同，《王雲五大辭典》逐漸打開銷路。善於經營的王雲五把《王雲五大辭典》的內容簡化些，稍作修改，接著出了一本《王雲五小辭典》，再經簡化，又出了一本《王雲五小詞彙》，真可謂「一雞三吃」、物盡其用了。這類工具書適用於中小學生和文化程度不很高的廣大讀者，銷路一直很好。抗戰時期，他又在重慶出了一本內容大同小異的《王雲五新辭典》，還是暢銷。由於這幾部字典、辭典在不同階段暢銷國內，他本人從版稅收入中獲取不少錢款，四角號碼檢字法也得到了普及。

王雲五在推廣四角號碼過程中還獲得了一個意想不到的副產品，那就是「復活」了《佩文韻府》。《佩文韻府》是清康熙年間編纂的一部大型工具書，編纂的本意是為了便於寫詩作文尋找典故，在科舉考試時代，因為要考試律詩，所以這部書流傳很廣，凡書生士子幾乎

---

36 王雲五：《岫廬八十自述》，頁230。

人手一編。自從科舉考試廢除之後，這部書就不太吃香了。其實它還是一部大型的辭典，後來日本人編《廣辭苑》就大量採用其中的詞彙，乃至 70 年代臺灣所編的《中文大詞典》也成批從中取材。王雲五當時就「相中」了這部便於讀者「徵求典實」的大書，將它收入《萬有文庫》，並用拼貼的方式，大大縮小了它的篇幅。但這部書原先是按韻編排的，對於不懂音韻的普通讀者來說，很難檢索，幾乎等同於「死書」。發明四角號碼之後，王雲五就讓部下用四角號碼為此書編纂索引，編成後的總量將及全書的三分之一，從此這本書就借四角號碼而「還魂」，成為一般讀者常用的工具書。直到半個多世紀後的今天，《佩文韻府》仍在起著工具書的作用，人們通用的版本，則幾乎都是王雲五主持下編定的本子或這個本子的翻印本。

四角號碼檢字法在海外也有一定的影響。美國的哈佛大學等高等院校、日本的一些圖書館紛紛用這種方法來進行中文圖書編目，以方便檢索。王雲五訪美期間，曾應加利福尼亞大學中文系的邀請，作四角號碼檢字法的主題演講。新中國成立後，臺灣是四角號碼使用最普及、涉及方面最多的地區，這或許同發明人的政治地位有些關係。40年代後期，王雲五在南京政府擔任過經濟部長、行政院副院長、財政部長，去臺灣後又做過「考試院」院長、「行政院」副院長，這就使他發明的檢字法擴大了運用層面。據他本人記敘，臺灣的戶籍管理、出入境檢查等，都使用四角號碼：

至此法之採用，就所知最廣大者為臺灣全省戶口人名卡片，以每人一片計，約 4000 萬張；他如中國國民黨員名卡、國防部若干單位及臺省出入境人名檢查片等，皆在百數十萬以上，蓋此種大規模之檢

查，非藉此實無以達迅速而準確之目的也[37]。

在臺灣文教圖書等事業單位，四角號碼的使用範圍也較為廣泛。據張錦郎在《王雲五與圖書館事業》一文中所作的統計，1975年全臺64所大專院校的圖書館中，採用四角號碼編目、檢索的有32所。

作為四角號碼的誕生地大陸，倒也並沒有因人廢物，在50年代，四角號碼檢字法仍然為大陸眾多讀書人所樂意採用，而且還出乎王雲五的意料，一度為大陸的商務印書館編審部緩解了經濟困難。據金雲峰〈編輯《四角號碼新辭典》的回憶〉一文所敘，1949年全國解放之初，國內經濟尚待恢復，民眾購書能力下降，商務印書館過去出版的書缺乏銷路，今後出版方針尚未明確，「大家眼睜睜地看著公司的經濟狀況日趨困境，連每月的職工工資，也得大費張羅，凡屬同人，無不焦急」。編審部部分人員編寫兒童讀物，另一些人搞手頭未完之事，「其實都是些若有若無、可行可止的事[38]」。大家自然而然想到編一部讀者面廣、穩定性強的字典。在使用哪種檢字法的問題上曾產生過意見分歧，最終還是一致同意採用四角號碼，他們之間的爭論，頗能反映出部首、注音、四角號碼三種檢字法在那時的優劣與社會影響大小：

有人主張用傳統的部首檢字法，反對者認為部首不容易為中小學生掌握，有不少跟部首打了幾十年交道的老先生還搖頭歎息，感覺困難，叫中小學生如何捉摸呢！況且部首之外還要數筆劃，對識字不多

---

37 王雲五：《岫廬八十自述》，頁95-96。
38 金雲峰：〈編輯《四角號碼新辭典》的回憶〉，見《商務印書館館史資料》，第15輯，轉引自《商務印書館九十五年》。

的中小學生來講，更是難上加難。有人主張按音序排列，反對者認為很多人因為不識漢字才查字典，知道讀音就不須查了。……於是最後的決定，採用四角號碼。因為四角號碼已有很深的社會影響，為不少人所熟悉；即使不熟悉，學起來也很方便；何況在過去的公開測驗中，證明四角號碼檢字是最快的一種[39]。

在編纂過程中，他們認為胡適寫的筆劃號碼歌略有不足之處，即零字插在一至九的數中間，念起來不夠順，於是由編寫組中的黃維榮先生改寫為：「橫一垂二三點捺，叉四插五方框六，七角八八九是小，點下有橫變零頭。」改寫後的四角號碼口訣歌，在大陸一直沿用到今天。《四角號碼新詞典》於 1950 年 8 月初版，兩年內印行 20 版，極為暢銷。商務印書館還編輯出版了《四角號碼學生小詞典》，銷路也很好。運用四角號碼檢字法編字典，對於改善商務印書館在 50 年代初期的經濟狀況，起了較為明顯的效果。後來，商務印書館對《四角號碼新詞典》又進行了修訂，經過修訂的商務品牌產品《辭源》也一直沿用四角號碼，到六七十年代新編的《現代漢語詞典》還是將四角號碼作為主要的檢字方法。不過，在沿用過程中，也對四角號碼進行了若干小修改，此處就不再詳述。

四角號碼檢字法的發明者是王雲五，大多數人對這種說法是確信無疑的。但是，在關於是否他個人獨創，乃至有沒有占取他人部分研究成果的問題上，有過一些不同看法。商務印書館老資格的編譯人員莊俞，在悼念高夢旦的文章中，提出高夢旦對漢字改革研究有素，四

39　金雲峰：〈編輯《四角號碼新辭典》的回憶〉，原載《商務印書館館史資料》，第 15 輯，轉引自《商務印書館九十五年》。

角號碼的成功創制也有他的一份功勞：

（高夢旦）早年與勞乃宣、王照輩研究漢字改革，具有特識，勞氏與其往復研究之書尚存之。後黎錦熙、錢玄同輩實行注音字母，王雲五氏創制四角號碼檢字法，公樂為贊成，且為之鼓吹。四角號碼檢字法今日已行諸全國，公實與有力焉[40]。

對於王雲五創制的檢字法，莊俞認為高夢旦「樂為贊成，且為之鼓吹」，「實與有力焉」。莊俞的這段文字頗為含蓄，其本意在於為去世不久的高夢旦歌功頌德，並沒有故意貶低「王雲五氏創制四角號碼檢字法」之功的意圖。蔣維喬寫的《高公夢旦傳》，在檢字法研究問題上，強調高夢旦長期刻苦研究後來將自己的研究成果送給王雲五做參考，功成不居：

（高夢旦）又因《康熙字典》，檢查困難，苦思力索，創為百部部首法，研究十餘年，屢易其稿，終不惬意。會王君雲五亦抱斯志，乃悉以其稿畀之。王因別創制四角號碼檢字法，在屬草時與公面商或電商幾無虛日。王氏之書，今已通行全國，而公勿與也[41]。

蔣維喬的這段文字措辭謹慎，含有為高夢旦鳴不平之意。這同蔣、王兩人自教育部到商務印書館，關係長期欠融洽或許有關。四角號碼「屬草」階段，王雲五常與高夢旦「面商」、「電商」，事成後「公勿與也」等語，均含微意。蔣維喬極婉轉巧妙地點擊了一下王雲五，但仍然不否定王雲五「創制四角號碼檢字法」。時移境遷，編譯所若

40　莊俞：〈悼夢旦高公〉，原載《同舟》第 4 卷 11 號，轉引自《商務印書館九十五年》。
41　蔣維喬：〈高公夢旦傳〉，原載《同舟》第 4 卷第 12 號，轉引自《商務印書館九十五年》。

干編譯人員在數十年後論及此事，行文較為直率，在頌揚高夢旦的同時，對王雲五的為學作風評價較低。鄭貞文撰寫的《我所知道的商務印書館編譯所》一文，有幾段文字盛讚高夢旦在改革漢字檢字法方面的功勞，對王雲五的評價不高：

> 高夢旦經常感到我國文字過於繁雜，不易普及，早年便和勞乃宣研究漢字改革方法，往復討論，積書盈寸。他編輯初小國文教科書時，即搜集簡筆字、手頭字、破體字，就形式順序意義，比較其優劣繁簡異同，而定其需要的等級。又因《康熙字典》檢查困難，苦思力索，初創為「百部部首法」，後改為「號碼檢字法」，研究多年。他曾經把這個理想告訴所中同人，引起大家的興趣。有幾位同事各就所見，提出一種方法，自行試驗[42]。

這段引文中「積書盈寸」，顯然是指多年往返討論的書信。下面說他「初創為『百部部首法』，後改為『號碼檢字法』，研究多年」，聯繫上下文，給人留下確切的印象是高夢旦創制了「號碼檢字法」，眾編輯又在此基礎上繼續研究。此等情形如若屬實，王雲五豈不是有搶他人之功而自居之嫌了嗎？緊接著上段引文，該文作者認為王雲五的作用僅在於「參加研究」，「提出四角號碼檢字法」：

> 王雲五來館後，也參加這個研究隊伍，提出四角號碼檢字法。那時他還坐在高夢旦的所長室裏，高給他很多指示，解決了許多問題。尤其是高提出的補充了第五角[43]，非常得力。到了四角號碼檢字法成為一個可用的方案時，高本著「成功不居」的素志，讓王以個人名義

42　鄭貞文：〈我所知道的商務印書館編譯所〉，見《文史資料選輯》第53輯。
43　所謂第五角，即指四角號碼的附角，詳見王雲五：〈四角號碼檢字法序〉。

發表，王遂大肆誇張以獨創的發明人自居，當時館內同人都在暗中竊笑。但是這一塊發明的招牌，不過是個虛名，還未得到投機的實利[44]。

　　所謂「投機的實利」，是指王雲五在出版《王雲五大辭典》等工具書中獲取金錢上的利益，於此不一一引述。但是，這段文字顯然不夠嚴密。首先，作者搞錯了王、高兩人的職務與關係。王雲五於1921年9月進館，12月擔任編譯所所長，高夢旦則退任出版部部長。出版部是編譯所的下屬機構，高夢旦當然不可能「指示」他的上司王雲五。何況王雲五自1924年10月起才開始注意檢字法研究，並不是進館後就參加高夢旦的研究隊伍。他的發明貢獻，也不是在號碼檢字法已形成的前提下，僅僅「提出四角號碼檢字法」。至於指責王雲五「大肆誇張以獨創的發明人自居」，更為不妥。從1925年5月起，至1928年10月，王雲五撰寫並發表多篇有關號碼檢字法的論文，發表於《東方雜誌》，並出版《四角號碼檢字法》一書，還兩度出版修訂本。其間，高夢旦非但還健在，而且一直在商務印書館任職。王雲五怎麼可能公然把高夢旦和其它同人的研究成果占為己有呢？再者，王雲五先後發表的有關論文，以及多次修訂的小冊子，清晰地反映出四角號碼檢字法從初創階段的粗糙，逐步趨於最終完善的整個過程。這些論文和小冊子本身，便是他發明四角號碼檢字法的有力證據。在《我所知道的商務印書館編譯所》一文中，作者提到，寫作前曾參考過章錫琛寫的《漫談商務印書館》。章錫琛的這篇文章涉及面很廣，運用了不少資料，總體而言，有較高的史料價值，但是凡

44　鄭貞文：〈我所知道的商務印書館編譯所〉，見《文史資料選輯》第53輯。

涉及王雲五為人做事之處，以論帶史的傾向就很明顯，有些關鍵的論斷缺乏可信史料的支撐。在四角號碼發明權的問題上，章文的論述顯得頗為草率：「『四角號碼』原係高夢旦發明，由王雲五參考陳文、何公敢等人的方案加以改進，從 1924 年到 1928 年，費了四五年時間，動員所中許多人力，才告成功。[45]」

　　王雲五創制了四角號碼檢字法，是世所公認的。如果要改變這一結論，提出高夢旦或其它人發明了四角號碼，王雲五隻做了「改進」工作，必須要有過硬的史料作證據。否則，不能改變半個多世紀以來的定論。筆者認為，關於王雲五占取他人成果、自詡為四角號碼發明人的種種指斥，並不能成立。至於「動員所中許多人力」，長期從事四角號碼研究，同樣缺乏依據。王雲五在運用四角號碼編輯辭典時，才開始動用所內若干名編輯。再者，把研究四角號碼與運用四角號碼混淆在一起，也是不妥當的。在王雲五發明四角號碼之前，國內已有數十人從事於漢字的部首研究，這是事實。高夢旦把部首研究的部分資料交給王雲五，給他做參考，這也是事實。甚至林語堂構思的 5 母筆 28 子筆對王雲五的發明有所啟示，這也是事實。王雲五本人對此從不否認。但是，這些都不足以否定王雲五的獨創性。從學理角度看，發生爭議的關鍵在於，一項學術成果，其中吸收了他人的階段性研究成果，是否還稱得上創造發明。這其實是不成問題的問題。任何人都不可能忽發奇想，突然生出個發明創造來。換句話說，任何發明

---

45 章錫琛：《漫談商務印書館》，見《文史資料選輯》，第 43 輯。在上一章的注釋中曾提及，發表於 20 世紀 60 年代的鄭貞文回憶文章在對王雲五的評價問題上有失公允，先于鄭文不久的章錫琛回憶也存在同樣問題。這篇文章後來被收入《商務印書館九十年》文集，編者按語說「這次轉載略有刪節」。經對照，《文史資料選輯》刊載的章文計三十九節，收入文集則只有十九節。除了一些已有更直接的材料而不用，以及與商務關係不大的內容之外，凡關於王雲五搞「科學管理」、經營大套叢書等經營方面的憶述多被刪略。估計敘述的片面，是刪略的很重要的因素。

創造都是以吸收前人或同時代人已有成果為前提的，都有其「思想資料」的來源，無論是社會科學還是自然科學，新理論的產生、新發明的誕生，概無例外。所謂發明創造，就是在關鍵點上實現突破，有所創新。以數位為號碼，對應漢字四角的筆形，設計出一種新的檢字法，王雲五找到這一關鍵點，並且解決了其中的疑難，他的獨創性是無可否認的。至少到目前為止，還沒有人能提供可信的史料，證明王雲五的這一新思路來自於他人，因而也無法動搖王雲五發明四角號碼檢字法的學術地位。

貶低或否認王雲五對四角號碼檢字法的發明創造，而又缺乏堅定可信的史料，其間是否夾雜「以人廢事」的成分呢？王雲五自視甚高，有時出言不遜，使有些同人感到不舒服。譬如，蔣維喬對王雲五的人品評價不怎麼高，這同兩人長期共事，關係不融洽有一定關係。王雲五後來做了大官，不再是單純的學人或出版家，有些商務老同事對他的看法也就不如以前好了，這是可以理解的。筆者認為，王雲五的性格確有張揚的一面，無論在教育部任職或在商務主管業務，都有所表現。40 年代後期起，他隨著地位的變化，政治上走向人民群眾的對立面，這更是鐵一般的事實。對於這樣一個複雜的歷史人物，展開評論確有其特殊的複雜性。筆者認為，對王雲五一生所作所為的評價，應實事求是地分層次地做出客觀評價，政治上的問題作政治的評價，純學術的問題作學術上的評判。如若有學術與政治糾纏在一起的問題，則要分析其政治觀對學術有沒有影響，有多少影響。在研究發明四角號碼的三年多時間裏，他與國民黨最高當局的關係一般，在文化出版事業方面尚能以「學術獨立」自勉。四角號碼檢字法的發明更

與他的政治觀點沒有什麼關係。至於他略為誇張、自詡的缺點，是否與四角號碼的發明權有關係呢？筆者認為，如若沒有確鑿資料，也不宜把二者拉扯在一起。

漢字檢字法就大體而言，不外乎四種方法，即筆劃、部首、四角號碼、拼音字母（包括注音字母和中文拼音）。前兩種檢字法屬於「傳統文化」範圍，部首檢字雖迭經改革，逐步化繁複為簡明，但基本方法仍是一以貫之的，還說不上發明創造，因而也沒有產生過公認的部首改革方面的發明人。近代以來，稱得上創新的檢字法是後兩種。王雲五創造了其中之一，但他並不排斥注音字母（現行中文拼音方案公佈以前用來標注漢字字音的音標）檢字法這一新式檢字法，而是與之「公平競爭」，甚至還為推廣注音字母出過力。吳稚暉於 1895 年宣導用「豆芽字母」注音、念字，這或許堪謂近代拼音檢字法之濫觴。孫中山認為，統一語言能體現國民意志的集中，於 1912 年民國成立之初，便將統一語言的工作交託給吳稚暉籌畫。蔡元培對統一語言也很重視，於同年在教育部設置讀音統一會籌備處，聘請吳稚暉主持其事。1913 年 2 月至 5 月，吳稚暉主持召開讀音統一會議。會議審定了常用漢字的讀音，通過一套注音字母。會後，吳稚暉撰寫《讀音統一會議進程序》，作為單行本印發。時人稱統一漢字讀音為「國語運動」。由於人們大多習慣於方言，國語運動進展甚為緩慢。為了推進國語運動，商務印書館於 1924 年 2 月特設國語師範學校，培訓國語師資，聘吳稚暉任所長，開班兩年餘，得到王雲五的大力支持。在此前後，「商務館出版有關推行國語的書籍很多，其中較重要的都

先請稚暉先生審閱。[46]」吳稚暉撰寫的國語運動重要著作《二百兆平民大問題最輕便的解決法》，也由商務印書館出版。儘管四角號碼檢字法與其它檢字法同臺競演，屢屢獲優勝，證明那時檢索漢字，四角號碼檢字法勝於注音字母，但王雲五仍認為注音字母有助於推廣國語，而心甘情願地為之宣傳。商務印書館於 1931 年編輯出版《最近三十五年之中國教育》一書，是著名專家論教育的論文集，其中有吳稚暉執筆的《三十五年之音符運動》，王雲五稱該文為「讀音統一運動的一部簡史」。

46　王雲五：〈懷吳稚老〉，見《談往事》。

多重色彩的企業家

撰文評述「五卅」事件，被租界當局罰款 200 元。受資方委託出面應付「工潮」，多年捲入勞資糾紛，心煩意亂。一度辭去職務，「跳槽」到中央研究院做研究員。重返商務，以總攬行政大權為先決條件。

1925 年 5 月 15 日，在日商紗廠工人的罷工鬥爭中，日本廠方槍殺工人顧正紅，激起民憤。5 月 30 日，上海各校學生 2000 多人到租界進行反帝宣傳，聲援工人鬥爭，被租界巡捕逮捕 100 多人。上海各階層群眾數千人趕到捕房周圍，要求釋放學生，英國巡捕蓄意向手無寸鐵的群眾開槍，當場打死 10 多人，打傷數十人，造成了流血慘案。以此為起點，一場轟轟烈烈的反帝愛國運動從上海席卷全國。為日趨高漲的反帝愛國運動所激勵，王雲五撰寫英文函稿，投寄美國人辦的大陸報館，從法理角度，指責租界當局及駐滬英國領事對「五卅」事件處置不當。儘管這份函稿側重於「說理」，並非抗議信，但由於王雲五是文化出版界的名人，有相當的社會影響，英國領事館開始注意他的言論動向。「五卅」反帝鬥爭高潮中，一些大學校長、教授與王雲五聯繫，希望商務印書館利用館辦刊物發行專輯，討論「五卅」事件，為國人伸張正義。經王雲五同意，《東方雜誌》編印「五卅」事件特輯，其中有王雲五撰寫的文章《五卅事件之責任與善後》，約 1.5 萬字。這篇文章首先分析我國學生的責任問題，接著分析英租界當局在法律與道德方面的責任，重點在於指責其違背國際關係準則，侵犯我國主權，殘殺我國民眾。該文最後部分作了總結性論述：

自吾人觀之，彼方認為直接關係之條件，如懲兇、賠償、解除戒

備、釋放被捕諸人及交還被佔領學校等，本係當然之事理，不能成為條件。蓋有犯而不嚴懲，乃彼國司法之羞，被害者僅給賠償，在死者已殊不值。他如開市則解除戒備，結果則釋放被捕；學校何罪，被佔領之目的已達，又何靳而不交還乎？是則彼之所謂直接條件，簡直無條件而已。……查「五卅」學生遊行演講之目的，既如前述，繫於被壓迫之言論界之外，另用他法宣傳顧案，並於市參政權被工部局剝奪之時，另用他法抗議有害於中國國家之法案。設我市民在租界內得與外人享受同等之自由及參政權利，則此次大慘案所由發生之遊行演講，或不至實行。即此一端，已可見所謂間接條件正所以預防此次慘案之必要條件也。

　　這篇文章以維護我國主權為基調，兼從法律、人道等方面分析英租界當局的責任，批評其在「五卅」事件的善後問題上避重就輕和無理刁難。全文注意辨析，措辭嚴正，但並不激烈，沒有明顯「鼓動排外」的語詞。但是，由於王雲五是有社會影響的人物，又是《東方雜誌》編輯部的頂頭上司，英租界當局對《東方雜誌》發行「五卅」事件特輯很為惱火，對王雲五本人撰文推波助瀾尤為不滿，於是吩咐捕房律師，對王雲五提出起訴。那時，上海英租界實行中外會審制，王雲五一案由中方會審官關炯之與英國副領事共同審理。王雲五多次被傳出庭，結果他本人被判無罪，「僅以該刊所登漫畫一張強認為有激動市民反抗之嫌，被判罰款二百元[1]」。如此輕微的判罰，只是象徵性的，反映出英租界當局不敢糾纏於此案，以免擴大事態，在反帝怒潮中再招惹麻煩；用罰款 200 元結案，目的在於挽回租借當局一點面

1　王雲五：《岫廬八十自述》，頁 98。

子，也給王雲五一個警告，企圖以此約束《東方雜誌》等刊物的反帝言論。經過這一場官司，《東方雜誌》更為社會所重視，銷售數急劇上陞，達到最高峰。

在反帝鬥爭的高潮中，王雲五敢於公開批評租界當局，維護民族利益，他的正義言行是應予肯定的。但是，對於商務印書館職工更為激烈的反帝行為，王雲五不直接加入，也不予勸阻，採取「默認」的旁觀態度。例如，1925 年 6 月 3 日至 24 日，商務印書館編印《公理日報》，鄭振鐸、沈雁冰、葉聖陶、胡愈之等人負責編輯工作，就「五卅」事件宣傳反帝，言論頗為尖銳。《公理日報》一個銅板一份，人們踴躍購買，爭相傳看。王雲五對《公理日報》既不支持，也不壓制。然而，在其後發生的商務職工與資方的鬥爭中，由於直接觸及了資方的利害關係，他就站在資方的立場上，與之對抗了。王雲五本人不是資本家，但他為資方管理 300 餘人的編譯所，其利害關係與資方是一致的，這就決定了他對「工潮」的基本態度。上海印刷出版業的職工具有光榮的革命傳統，商務印書館職工又特別善於鬥爭。商務資方抵擋不住洶湧的「工潮」，只能請善於應變的王雲五出面應付。王雲五自從「挺身而出」之後，便一直站在第一線，與職工周旋、鬥爭，這對商務的工運和他本人的前程都產生了深遠的影響。

上海的印刷工人文化程度較高，沒有文盲，大多能看書讀報，因而容易接受宣傳教育。從 1923 年起，上海印刷工人就開始組織工會；1924 年秋成立了上海印刷工人聯合會，幾乎包括了上海印刷業各部門的工會。「五卅」運動中，報館工會、商務職工會、中華印刷工會、華商印刷工會、日商工會、西報工會、裝訂工會等相繼成立。

在此基礎上，上海印刷總工會於 1925 年 8 月上旬成立。「隨著『五卅』反帝鬥爭的深入，接著為自身利益鬥爭的活動也開始了，商務全體職工的大罷工，就是最明顯的例子[2]」。1925 年 8 月 2 日，商務印書館職工舉行第一次大罷工，上海各家報紙都作為重要新聞予以報導。工會代表提出增加工薪、改善待遇等要求。商務資方先是軟磨周旋，繼而商調淞滬戒嚴司令部的軍隊來威嚇，「但是因為工會組織嚴密，工友團結一致，還是不能把這次罷工的浪潮平靜下去[3]」。商務職工的罷工堅持了 5 天，工會代表與館方代表進行「對等」的談判，迫使資方接受了大部分條件，取得了罷工鬥爭的勝利。為商務職工罷工勝利所鼓舞，中華書局、大東書局、世界書局、報業工人以及華商印刷工會下屬的各支會持續不斷地舉行罷工，並引發郵務、五金、電氣、紡織等行業的工會組織罷工，而且都爭取到部分改善待遇的結果。同年 12 月 22 日，商務印書館職工舉行第二次大罷工，持續了 9 天。這次罷工得到商務在北京、香港兩家分廠以及各地分館的響應，各地商務機構互通電信，共同對付資方。工會提出的要求，十之八九得到了資方的認可，其中最有意義的勝利是迫使資方答應下列條件：工會有權代表職工；工會在不妨礙工作和秩序時，可以隨時召集會議；職工因工會工作而不能從事生產，不扣工資，館方每月津貼工會部分經費；館方不得任意開除職工，立即撤換平時欺凌工人的門警和車夫。在這次罷工鬥爭中，商務印書館職工行動統一，糾察隊每天巡邏、值崗。商務印書館職工的罷工鬥爭震動了上海各行各業，影響波及外省市。誠如《上海產業與上海職工》一書所評：「商務的鬥爭行

2　朱邦興等編：《上海產業與上海職工》（上海市：上海人民出版社，1984 年），頁 544。
3　朱邦興等編：《上海產業與上海職工》（上海市：上海人民出版社，1984 年），頁 544。

動，無形中就形成了上海及各地工人鬥爭的模範。⁴」值得一提的是，商務職工在 1925 年舉行的兩次大罷工，陳雲同志都是主要領導人之一。陳雲當時名廖陳雲，是商務發行所職工會委員長，在商務印書館的罷工鬥爭中擔任中央執行委員會委員長，多次出面同資方交涉，對罷工鬥爭的勝利起了很大的作用。

　　1925 年的商務印書館職工兩次罷工，同王雲五的改革舉措也有一定關係。王雲五首先在編譯所推行按編輯字數計給酬金的方法，遭到部分編輯的反對。但是，王雲五的改革措施得到資方的支持，繼續在編譯所推行，並旁及其它所、處。由於那時商務印書館決策層搞合議制，王雲五也參加決策會議。他在編譯所額定工作量的改革舉措，通過決策會議又推廣到其它部門，因此商務職工的工作量比館外同行大得多，他們認為受到了不合理的剝削。而工作量的額定較為粗糙，造成苦樂不均，深化了矛盾。高翰卿在 30 年代中期回顧商務勞資衝突時，曾對改革粗糙引起矛盾激化做過婉轉的批評：「記得數年前本館排印某種注音英文讀本，因工作較難，而所定酬率不公允，工人屢求增加不遂，竟至拒絕排版。⁵」此外，館方發獎勵金用「打悶包」的方式，使職工產生不信任感。商務印書館每年發放兩次獎勵金，「由公司隨意酌給，其多寡與有無，職工無權過問」。年終「升工賞」的差距也拉得過大，使工人更為不滿，「每年末，職員加發二十四天升工賞，工友加發七天升工賞」⁶。由此可知，王雲五創制的獎懲規章，有許多粗疏之處和不合理的因素，使眾多職工產生不平衡的心

4　朱邦興等編：《上海產業與上海職工》，頁 546。
5　高翰卿：〈本館創業史〉，載《商務印書館九十五年》。
6　朱邦興等編：《上海產業與上海職工》，頁 540。

態，因此，儘管「印刷業的工資比較高一點的，首推商務」，但商務職工的不滿情緒仍是很明顯的。商務印書館職工大罷工更深層的原因，是「五卅」運動引發了工人運動的持續高漲，與國內大革命總的形勢相應和。王雲五後來時常說起 20 年代中期的商務職工的罷工是受了「存心不良分子挑唆」，「編譯所裏也有左傾分子」，但是他從不明講「左傾分子」的黨派身份，即使到晚年也不解釋誰是「左傾分子」。不明講是因為不便明講。20 年代中期的商務罷工鬥爭，正處於國共第一次合作階段，中共黨組織固然領導了商務職工的罷工鬥爭，某些當時有左傾思想的國民黨人也參與了罷工鬥爭。鄭振鐸任主編的《公理日報》編委中就有若干名國民黨左派人士。國民黨人起先認為工業組織中，勞資關係是互聯互關的，勞資雙方不應衝突，後來受共產黨人革命觀的影響，一度支持勞工運動。1924 年國民黨召開國共合作的第一次全國代表大會，發表宣言，決定對工人運動「以全力助其開展」。隨著大革命形勢的發展，國民黨中央也曾經開展「激烈的宣傳」，鼓動工人階級奮起鬥爭。1927 年初，北伐軍總司令蔣介石開始鎮壓工人運動。國民黨南京政權建立後，對勞工運動的政治態度發生了根本的變化。那時有一種婉轉的說法，即國民黨對勞工問題的態度「由急進而轉變到緩和[7]」。國民黨中央對勞工運動由支持而變成鎮壓，王雲五事後回憶勞資衝突，自然就不便細說商務罷工鬥爭中「左傾分子」的黨派身份了。

面對商務職工連續不斷的罷工鬥爭，資方無計可施，於是王雲五代表館方出面周旋，開始時他只是局部加入，到後來「挺身而出」，

7　駱傳華：《今日中國勞工問題》（上海市：上海青年協會書局，1933 年），頁 113。

全面負責交涉。其間原因，他本人作了較為翔實的闡述：

> 糾紛之起，當然以印刷所為主，發行所及總務處次之。編譯所雖有少數別有用心者，亦多有含蓄，不願率先發難或表現激烈。因此，工潮的發生，如果不是由印刷所所長從事於局部的應付，便應由總經理或人事科科長作全盤的應付。在理不應輪到我身上。但因那時候的總經理係由印刷所所長鮑先生兼任，他的年事已高，且為人篤實，不善言辭。其它協理亦多屬於此一類型。因此，某一天工潮鬧大了，使我不得不挺身而出，結果應付尚屬得宜，一場風波因而平息。此後，一遇勞資糾紛，資方都一致推我出馬應付，使不應負責之我，轉而負了全面的責任[8]。

上段引文中的總經理鮑先生，即鮑咸昌。他不善言辭，為應付罷工搞得心力交瘁。此後，他屢屢請求辭職。張元濟的日記也證實了鮑咸昌無意戀戰，商務高層束手無策[9]。非但鮑咸昌覺得擔任總經理沒有趣味，其它元老、骨幹，如張元濟、高夢旦、李拔可等人的情緒也受罷工影響[10]。商務元老級高層領導面對「工潮」紛紛打退堂鼓，這才有王雲五的「臨難受命」。然而「挺身而出」的王雲五萬萬沒有料到，資方所做的妥協只能緩和「工潮」於一時，此後幾年裏「工潮」時伏時起，資方仍然窮於應付。尤其是總經理鮑咸昌不願管事，到後來王雲五也不願得罪下屬，使商務印書館的工作一度處於半癱瘓狀態。

8　王雲五：《岫廬八十自述》頁，118。
9　參見《張元濟日記》（北京市：商務印書館，1981 年），頁 842-843，。
10　《張元濟日記》，1926 年 7 月 26 日，頁 84。

商務職工的鬥爭方式也有所變化，由罷工而轉為怠工。率先怠工的是編輯人員，他們要求館方恢復對腦力勞動者的優厚待遇。這是因為館方曾在罷工鬥爭高潮中答應工會代表提出的條件，取消了編輯的特殊津貼，以縮小編輯與工人的待遇差別。這一妥協，緩解了工人的不滿情緒，但使編輯感到吃了虧。曾受商務罷工最高委員會委託起草十九條要求的陶希聖，認為資方被迫取消「秘密增加或任意減少職工的待遇」，實際上打擊了編譯人員的工作積極性，他們的消極情緒傳染到了其它所、處，致使「怠工」現象日趨嚴重：

即如編輯，年終普遍加薪，按工資比例，或加十七元五角或加七元五角，或加二元七角五分。再想搖頭也搖不起來，吟詠只好改為歎息。印刷所的情況一樣不佳。職工有保障而無獎懲。努力也是如此，怠惰也是如此。要出一本書，編輯發稿，工人包領去排。編輯催一次，工人送校一兩頁。編輯士氣不高，又有誰催呢？一本書兩年也出不了稿。也許這就是「社會化」必至的現象[11]。

商務職工中的怠惰現象，館方領導層的消沉，都使王雲五無可奈何，產生隱隱的失落感。他本人是天生的「工作狂」，習慣於用自己超常的工作量去衡量他人的工作情況。他向來認為，沒有嚴格的獎懲制度，便不足以激發職工的工作願望。但經歷罷工風潮之後，他制定的規章制度已成為一紙空文。面對不很景氣的生產狀況，他只能眼開眼閉，心裏很不是滋味。隨後發生的政治事變，由於眾多商務職工捲入其間，更使他左右為難，處境尷尬，在商務有無地自容的感覺。

11　陶希聖：《商務印書館編譯所見聞記》，載臺灣《傳記文學》第 35 卷第 3 期。

1927 年，蔣介石在上海製造「四一二」反革命政變，商務印書館首當其衝。4 月 12 日晨 5 時，寶山路商務印書館印刷所遭到青幫流氓有預謀的襲擊，與之早就串通一氣的國民黨二十六軍第二師藉口調解糾紛，佔領印刷所，繳了工人糾察隊的槍械。幾乎與此同時，印刷所對面的商務俱樂部（上海工人糾察隊總指揮部所在地）也發生了類似的事件，俱樂部被二十六軍佔據，糾察隊的槍械亦被收繳。上海其它地方的工人糾察隊在同一天都遭到了襲擊和繳械。第二天，徒手的工人群眾整隊前往駐在閘北寶山路的二十六軍第二師司令部請願，要求釋放被捕的工人和發還被收繳的槍械，遭到反動軍隊的槍殺，當場打死百人以上，傷者不計其數。商務職工俞昌福犧牲，溫晉山腿部受傷，徐　晶生臂部受傷。商務印書館編譯人員對國民黨軍隊的暴行極為憤慨。由胡愈之起草，鄭振鐸、馮次行、章錫琛、胡愈之、周予同、吳覺農、李石岑共同具名，致書上海臨時政治分會委員蔡元培、李石曾、吳稚暉，詳述 4 月 13 日寶山路慘案目擊經過，表示強烈抗議，並嚴厲譴責部分已經叛變革命的國民黨人：

　　國民革命軍為人民之軍隊，為民族解放自由而奮鬥，在吾國革命史上已有光榮之地位，今乃演此絕滅人道之暴行，實為吾人初料之所不及。革命可以不講，主義可以不問，若屏正義人道而不顧，如此次閘北之屠殺慘劇，則凡一切三民主義、共產主義、無政府主義，甚至帝國主義信徒，皆當為之痛心[12]。

　　在這份通電抗議書上具名者，當晚遭到國民黨搜捕。名列抗議書之首的鄭振鐸於 5 月 27 日赴英國避難，起草人胡愈之於次年赴法國

<hr>

12　《時報》，1927 年 4 月 13 日。

留學。

「四一二」反革命政變發生後，王雲五極為震驚，但始終保持沉默。王雲五有他自己的想法，也有其難處。他如果在編譯所同人寫的抗議書上具名，將使抗議書產生更大的影響力，這不僅僅因為他在社會上已經有相當的聲望，而且同蔡元培私交甚篤，與吳稚暉也有業務上的往來。還因為他不願冒這個政治風險。而且，他對工人運動抱有反感，國民黨軍隊鎮壓了工人運動，同他內心深處「消弭工潮」的本意是暗合的，但有點民主意識的王雲五也不願為野蠻的屠殺叫好，所以還是沉默為妙。

鎮壓工人運動之後，國民黨當局勒令解散商務印書館的工會和職工會，在館內另行組織起黃色工會。原工會和職工會中的中共黨員和先進分子逐漸轉移，商務的職工運動表面上趨於低落。但是，商務的勞資關係並未緩和，「工潮」仍時時萌動，深層的勞資矛盾影響著業務工作的正常運轉，王雲五還是必須投入大量精力處理勞資糾紛。他一時看不到前途，於是產生退出商務印書館的念頭：

這些消極的事，偶而負擔尚可勉為，若漸漸變為家常便飯，那就對於一位需用腦力以應付出版計劃和學術研究的人，未免近乎殘酷了。以此之故，我對於商務書館的任務，原具有最高興趣者，其興趣便隨工潮增高而日益低落。於是我經過了再三考慮，決心擺脫[13]。

然而，勞資矛盾難以處理，並非王雲五欲擺脫商務印書館的唯一原因。1925 年商務印書館職工大罷工，王雲五沒有提出辭職；1927

13　王雲五：《岫廬八十自述》，頁 118。

年「四一二」政變後，商務印書館工作氣氛極為沉悶，王雲五也沒有馬上脫離商務印書館。可見，他決意離開商務印書館必另有原因。王雲五想離開商務印書館的第二重因素是，《萬有文庫》第一集編輯工作已大致完成，更有創意的出版構想尚未形成。這種狀況，對於需要成就感持續刺激的王雲五而言，感到沒有必要再在商務印書館待下去。他自己也承認，這是他決意脫離商務印書館的另一個原因，「且認為八年來對編譯所的努力，已因《萬有文庫》之成功，而達成一個段落，功成身退，亦對得起引致我入商務印書館的高夢旦先生[14]」。促使他離開編譯所的第三個原因，是他已經另外有了高就的機會。其時中央研究院甫經成立，蔡元培擔任院長，楊杏佛任總幹事兼社會科學研究所所長。楊杏佛是王雲五在中國公學任教時的學生，對王雲五頗為尊重。王雲五向商務當局正式提出辭職以前，找楊杏佛談起自己有脫離商務印書館的想法，拜託他幫忙尋覓合適的職務。楊杏佛答應邀聘王雲五到中央研究院工作，並表示願將社會科學研究所所長職位讓給他。蔡元培聽了楊杏佛彙報後，表示歡迎王雲五加入中央研究院，前提條件是王雲五脫離商務印書館，全力以赴從事研究工作。但蔡元培不贊成王雲五擔任社科所所長，他認為王雲五不適合擔此重任。王雲五曾把北京教育部折騰到癱瘓，負責緝毒工作則招致非議四起，在商務印書館搞改革又同不少職工對立。諸如此類的情況，蔡元培都有所見聞，因此對王雲五主持一方行政工作放心不下。再者，社會科學研究所所長要有學術方面的威望，王雲五博而不專，沒有學術專著，在學術界還不孚眾望。王雲五素來敬重蔡元培，對蔡元培不讓他當所長表示毫不介懷，他追述道：「無論如何，研究所所長仍不免

14 王雲五：《岫廬八十自述》，頁118。

有許多行政工作，索性讓我轉入純粹研究方面，聘我為專任研究員。蔡先生之知我愛我，使我聞之至為感紉。[15]」

1929 年 10 月上旬，王雲五辭去在商務印書館的職務，編譯所所長由史地部部長何炳松繼任。王雲五在中央研究院任研究員，兼法制組主任。他擇定犯罪問題作為研究課題，並羅致了 3 位助理研究員，一位是曾在北京大學攻讀法律的餘天民，第二位是畢業於東吳大學法學院的徐百齊，第三位嚴君，在燕京大學學過社會學。從知識結構上看，他們 4 人組成法制研究組還是比較合理的。犯罪問題這一課題以監獄調查為出發點，由個案研究再提升到綜合的考察、分析，計劃兩年內完成。但是，犯罪問題還沒有研究出名堂，僅僅過了三四個月，王雲五又回到了商務印書館，這次館方以行政最高職務——總經理相託，並滿足了王雲五所提的「苛刻」條件。

事情起變化的緣由，是 1930 年 2 月商務印書館總經理鮑咸昌去世。當時館內有可能繼任總經理職務的是兩名經理，即李拔可和夏小芳。李拔可出身於晚清舉人，做過知府，在商務印書館已任經理 10 多年，資歷深，繼任總經理的呼聲較高。夏小芳曾留學美國，年齡較輕，資望尚不足，但作為商務事業創始人夏瑞芳之子，出任總經理也未始不可。問題在於，李、夏兩人都缺乏統轄全館的魄力，而商務印書館的管理機制已經多年運轉不靈，需要強有力的人物出任總經理，進行有力度的整改。商務印書館在管理方面的混亂，同前任總經理鮑咸昌大權旁落有關。鮑咸昌為人處事忠厚有餘，膽識不足，抱著多一事不如少一事的處世原則，實際上只致力於印刷所所長的兼職，而將

15　王雲五：《岫廬八十自述》，頁 119。

總經理職務內的工作委託給李、夏兩位經理。李、夏兩人顧忌於職分不明，不敢越權，將具體事務轉委於機要科科長陳叔通和副科長盛桐蓀，於是造成有權者不負實際責任、負責任者權位不當的狀態。這種不倫不類的局面，同商務印書館人事關係複雜、勞資矛盾時有爆發也是有關係的，多數幹部抱著「少管事，少得罪人」的想法，遇到麻煩事，輒苟安迴避。商務的管理機制本身也存在問題。董事會對館務擁有較大的干預權，高層行政權力又受到合議制的牽制，總經理地位雖高，實權卻不大，造成層層推諉疑難事務的陋習。鮑咸昌任總經理時，憑著元老級創業人物的資望，尚能掛虛銜而躲避是非。他去世後，總經理有名分無實權的狀況勢必要改變。由於王雲五多年來出面處理勞資關係等複雜問題，其口才與手腕得到商務董事會和高層行政人員的認可，而且他在出版方面善於出點子、創新意，被視為不可多得的出版家，而且商務董事會負監理名義的兩位老張元濟和高鳳池也傾向於聘用王雲五為總經理，遂多次約他面談，高夢旦則在旁竭力勸請。

進搞行政管理，退搞學術研究，這是王雲五個人奮鬥的基本想法。面對總經理職位的誘惑，他很快就動心了，但他不願做有名無實的傀儡，而要做實權在握的企業家、改革家。他向館方提出任職的兩項先決條件：「一是取消現行的總務處合議制，改由總經理獨任制，經協理及所長各盡其協助之責；二是在我接任總經理後，即時出國考察，並研究科學管理，為期半年，然後歸國實行負責。[16]」館方別無選擇，答應了他的要求。

---

16 王雲五：《岫廬八十自述》，頁121。

半年考察歷九國，汲取歐美、日本企業管理經驗，學習對付職工若干方法。訪德發偶感，欽佩「枕戈民族」。寫詩憶親人，透出幾許纏綿。

自 1930 年 3 月 7 日啟程，到 9 月 9 日返抵滬上，首次跨出國門的王雲五遊歷了 9 個國家，其中有考察任務的國家依次為日本、美國、英國、法國、德國、比利時，途經瑞士、荷蘭、意大利。他參觀工廠 40 餘所，諮詢專家 50 余名，通信接洽 30 餘處，訪問團體與研究所約 20 個，參加重要會議 4 次，在圖書館從事研究和收集資料 10 餘日，在美、德兩國為商務印書館聘走留學畢業生 7 人，草成筆記 40 萬字。時間安排緊湊，工作效率高，收穫也很大。他到達各國重要城市，時常受到中國駐外使領館官員的接待，參加當地工商界知名人士的宴請，間或遊覽名勝古跡，但從不涉足消費娛樂場所，以致舞廳、影劇院一次也沒有進去過。對待工作，王雲五向來認真負責，一絲不苟。隻身遠渡重洋，歷時半年，堅持全身心地投入考察工作，這種奮發努力的工作精神，是他個人奮鬥的特色，也是他得以步步高升的重要原因。出訪過程中，王雲五寫了許多日記，後來大部分毀於「一.二八」戰火之中。他根據殘存的日記和回國後整理的考察資料，在晚年作遊感多篇，其中《初出國門與專題考察》是出訪經歷與收穫的綜述，收入《岫廬八十自述》之〈漫遊歐陸渡重洋〉一文，後來作了不少修改補充，收入《談往事》一書。

這次出國考察，對王雲五啟發較大的是日本和美國的企業管理經驗。他的興趣集中在國外企業如何提高員工的工作效率，如何消弭勞工的對抗行為。首先給他留下深刻印象的是日本大阪的一家化妝品工

廠，雖然手工操作的工序很多，但工作環節很緊湊，據日方介紹者說：「經過所謂動作研究與時間研究，則動作速捷，所需時間隨而大減。」在對朝日新聞社的訪問過程中，他瞭解到日本幾家大型的新聞社已經聯合選定常用漢字 2000 餘個，「故字架上所列鉛字較少，檢字稍為方便，走來走去所費的工夫也稍減」。這使他開始認識到，即使不投入大量資金，一項小小的改革，只要切實管用，便能提高工作效率。

在東京，他參觀了王子製紙株式會社的一家工廠，該廠的特點是「向鮮勞資問題」。廠方的經驗是，平時要注意職工的福利，但職工如果在待遇方面提出「不合理」的要求，廠方應斷然拒絕。王雲五認為這條經驗很有借鑒的必要：職工福利待遇由企業管理者決定，不必理會職工的說三道四。日本企業界鉅子山本條太郎同張元濟有過交往，知道商務印書館有許多分館，他根據日本企業的經驗，重點介紹總公司與子公司之間如何做到既有統一性，又有分散的獨立性，建議王雲五經營商務館時參酌使用日本企業的經驗，「印刷所、發行所、編譯所及各分館皆宜各自獨立為一公司，而以一最高的投資公司掌握其股份，以為操縱」。他還建議王雲五扣發職工紅獎，用以購股，分配給職工，使「職工皆為股東，自能勞資合作，不致時起衝突[17]」。王雲五回國後，變通學習了這一經驗——他沒有讓每個職工持有公司股票而成為商務印書館的「股東」，但他鼓勵職工在本公司存款，給以較高的利息籠絡之，同時又將職工存款投資於生產經營，獲取更高的利潤。拜訪日本產業能效研究所主任上野陽一時，王雲五特地請教

17　王雲五：《岫廬八十自述》，頁 125。

工資標準該如何確定，因為工資問題非但關係到企業利潤，而且往往是「工潮」的引發點。上野陽一強調，工資應由資方決定，「非先定工作標準，絕無辦法解決」，具體方法是：同類的工作，把以往若干年的人均工作量定為「假定標準」，再按機器充分運用、人力充分調動定一「理想標準」，參酌這兩項標準確定「普通標準」，據此額定工人的工資待遇。至於銷售人員，則發給低額底薪，其餘待遇按銷售情況酌給獎金[18]。先測定工作量，然後確定工資待遇的計酬方法，後來被王雲五全面採用，在商務印書館推行。

考察日本企業，王雲五主要的體會是：企業經營者要充分運用好權勢，一切從提高生產效益出發，絕不能對職工普施恩惠；工資標準必須與工作量緊密掛鉤，使之發揮獎勤罰懶的作用，並用以分化職工，誘使他們為各自利益埋頭苦幹，不至於採取集體行動要求普加薪金。

4月2日，王雲五乘海輪抵達美國三藩市，4日參觀當地最大的印刷廠，「每架印刷機，不論米利機或滾筒機，均有工人兩名管理，較我國每機需由三人管理，滾筒機尤不止此，其節約人力殊不少[19]」。王雲五後來改革商務印刷所的舉措之一，便是參照美國標準，裁減機器操作工人。訪問三藩市工業協會，使王雲五堅信，資方要團結一致，才能有效對付「工潮」。三藩市工業協會是資本家的聯合組織，其宗旨是，堅持雇主對企業的管理權不受工會干涉，維護雇主進退職工的權利，採取聯合行動對付勞資問題，切磋增進生產的方

18　王雲五：《岫廬八十自述》，頁126。
19　王雲五：《岫廬八十自述》，頁127。

法。王雲五經過對三藩市企業的訪問考察，議論道：「查 1904—1921
年間三藩市地方的工人勢力極大，對於雇主干涉無所不至，甚至限制
工會會員之出品不許其過多，並干涉雇主之用人購料。其情形惡劣，
在全美首屈一指，世界各國亦所罕見。雇主被迫相互團結，寧犧牲營
業，不再屈服於無理要求。雙方堅決對抗，最後罷工工人為生活所
迫，只好無條件復工。」三藩市工業協會就是在勞資衝突十分嚴重的
情況下產生的，從此，當地雇主互通聲息，相互支持，「防患於未
然」，同時注意主動改善工人福利，「現在九年間，該地工潮甚少，
勞資尚能相安[20]」。資方完全掌握職工進退陞降的權利，關鍵時刻堅
決拒絕職工的要求，平時則用物質刺激手段分化工人，這些對付工人
的原則，王雲五回國後陸續付諸實踐，而且一概歸結為「科學管理」
的成效。訪美期間，王雲五還學到其它許多對付工人、消弭「工潮」
的方法。三藩市的麥特卡博士建議他設立人事科，處理一切人事糾
紛，重點放在預先消除隱患；加強對工頭的培訓，使他們善於應付工
人，將矛盾化解在基層。王雲五把這兩點建議吸納為他的改革措施。
底特律的福特汽車公司創辦人福特勸導王雲五，不能允許產業工會成
立，但要在提高生產效率的前提下，給工人較高的工資。王雲五參觀
了福特汽車廠，對「機器管工人」很感興趣。福特汽車廠實施全自動
化生產，工人「真好像受機器之指揮控制，雖欲躲懶而不可得[21]」。
商務印書館不具備全自動化生產的條件，但王雲五「活學活用」，他
後來實施「科學管理」時規定各部門各工種的產量，加強各道工序之
間、各部門之間的緊密銜接，使商務印書館職工「雖欲躲懶而不可

20　王雲五：《岫廬八十自述》，頁 128-129。
21　王雲五：《岫廬八十自述》，頁 133。

得」，同時用高工資高福利收買部分技術工人，消弭職工的對抗力量。在處理勞資關係問題上，令王雲五深受啟發的是華盛頓泰羅學會總幹事柏爾森博士的一番說教：勞資糾紛一旦激化，雇主方面最忌諱的是同勞工代表討價還價，以致交涉曠日持久，雙方感情嚴重惡化。雇主應明瞭待遇問題可以解決的尺度，一開始就向勞方攤牌，不再退讓。這條經驗對王雲五來說真是太重要了。過去，包括王雲五本人在內的商務印書館資方代表所犯的「忌諱」，就是他們時常同工會代表磨嘴皮子，然後被迫步步退讓，到頭來答應工會方面大多數要求，而勞資關係仍然緊張。吸取以往教訓和柏爾森博士的說教，王雲五在「一.二八」事變之後，抓住機遇，堅持己見不退讓，用「快刀斬亂麻」的方式解決勞資糾紛。

有些美國經驗，王雲五不以為然，未予採納。例如，芝加哥法連百貨公司董事長法連認為，企業應組織調解委員會，人員大多由職工選出，資方派入少數管理人員，以便及時解決矛盾，減少勞資衝突。王雲五則認為，中美國情不同，這條洋經驗不很適用，成立職工代表占多數的調解委員會，將不利於他行使總經理責權。他後來變通使用這條經驗，指派親信與職工會代表聯絡，目的是瞭解職工會動向，而不是為了「調解」勞資矛盾。哥倫比亞大學一名研究勞工問題的教授認為，資方要「時時尊重工人的人格」，從而使工人也尊重雇主，產生主動工作的積極性，勞資糾紛也就自然化解了。王雲五則認為，中美兩國的國民素質差異很大，「人格」問題不必在中國企業改革中予以考慮；工人要加薪，資方要利潤，雙方都追求實實在在的物質利益，誰會去考慮「人格」這一抽象的概念呢？然而，王雲五回國後初

次試行「科學管理法」便遭失敗，恰恰同改革措施不顧及員工的「人格」有關。

在與美國企業界人士和有關專家學者的訪談中，王雲五還很注意聽取美式企業管理其它方面的經驗。三藩市的鮑華士對他說，企業用人要通過新陳代謝來保持活力，老資格高級人員的學識往往不如新進人員，要「使壯年優秀者有陞遷機會，年老者行退休辦法」。鮑華士還特地提醒王雲五，實施泰羅制和改革財務預算都很有必要，但必須酌情漸進，切不可操之過急。關於使用青壯年才識之士、逐步淘汰老邁者這一條，王雲五早就做到了，但用人夾雜私人情誼，這一中國特色的傳統，他很難棄之不顧。至於改革要循序漸進的忠告，王雲五在改革失敗後才有真切的體會。美國企業財務預算和成本核算的經驗也使王雲五受益匪淺。他後來幾次有效地解決了商務印書館的經費困難，同他實施科學的財會制度是密切相關的。哥倫比亞大學會計學教授凱士達著重向他講解搞好財會的重要性：企業各部門都應該制訂詳細的預算，如及時預估第二年的業務如何發展，需要添置哪些設備，人員要作怎樣的增減，各項計劃需要多少開銷，然後匯總到公司。公司據此對各部門進行細密考覈，提出較完善的年度發展計劃。

儘管訪問排程得很緊湊，王雲五還是抽出部分時間，研讀企業管理的書籍，收集有關資料。在華盛頓期間，他泡在國會圖書館整整11 天。該館東方部主任恒慕義博士曾任我國山西大學教授，竭誠招待王雲五，為他開闢一間臨時研究室，供他一人獨用。

王雲五每天上午 8 點開館時進圖書館，夜間 10 點閉館才離開，

流覽有關圖書及圖書摘要共約 900 種，並做了簡要的英文筆記。回國後通過商務印書館購得其中大部分圖書，供他本人和商務同仁閱讀參考。

旅美期間，王雲五考慮回國後成立一個研究所，專門研究商務印書館的改革和科學管理，於是決定聘用潘光迥、孔士諤、王士倬、殷明祿、賴彥於等人。潘光迥是留美商學博士，其它受聘者皆為工商等學科的碩士。王雲五先讓他們各自研究有關商務印書館改革的課題，約定本年度內齊集上海，成立研究所。招募國外高層次留學人才，集中起來搞企業的科學管理研究，這一舉措非但在我國民營企業中屬於首創，即使在官辦企業也是前所未聞的。王雲五的想像力和創新精神，確實不是平庸之輩可以企及的。

在美國，王雲五邂逅打算遊歷歐洲的程發甫、劉式庵，相約同行。此後的旅程，由孤身獨行變成三人行了。在王雲五乘海輪駛往英國的旅途中，《紐約時報》以「為苦難的中國提供書本而非子彈」為題，用半個版面對他進行了詳細報導，並登出他的頭像。《紐約時報》讚揚了王雲五對商務印書館的貢獻，重點介紹了《萬有文庫》：「在他的領導下，有三百名著名的中國學者經常為該館擔任翻譯、編纂及撰寫的工作。著名的中國哲學家胡適博士以及學術界其它許多領袖人物都協助王先生編纂《萬有文庫》。」該報還評論道：在軍閥們為爭奪權力賭博時，「一位卓具才華的中國平民卻以巨大的資產為中國民眾的教育普及而賭博」，他的「賭博業已贏定」，因為「已經出版了一部名為《萬有文庫》的巨著」。這篇報導還描述了王雲五在美國不願談論政治，從中可以看出他那時對國內政局持謹慎的態度：

王先生拒絕討論中國的政治或中國內戰，但是他說：「中國人民的唯一希望在於教育的普及和交通的迅速發展。如果沒有良好的教育和發達的公路、鐵路，全國的統一是極其艱難的。[22]」

　　6月4日至20日，王雲五訪問英國，除到過牛津外，其餘的活動都在倫敦進行。他在英國取得的科學管理經驗，與日、美經驗大同小異，於此不一一贅述。但是，突出主管人員作用這一條，英國經驗頗有特色，堅定了王雲五搞總經理獨裁制的決心。管理專家烏維克少校強調：「一個公司的最高領導，應如軍隊的總司令，有權作最後的裁決。」儘管做出裁決之前要廣泛聽取意見，但「經理部之會議，只是諮詢的而不是協議的」。英國工黨聯合總會經濟研究部主任貝黎說，「英國辭退工人，向不宣佈理由」，以免被對方抓住，作為打官司的依據。英美煙草公司總經理坎裏夫爵士則現身說法，講述他管理30萬人大企業的秘訣：總經理每天必須到辦公室，但「又不躬親瑣事」，只是思考重大問題，做出決策和計劃，這「實為本公司成功之秘密[23]」。諸如此類的「忠告」，王雲五都很聽得進。後來，在商務印書館實行「科學管理」初見成效以後，王雲五就設法擺脫雜務和人事糾紛，做起瀟灑的「獨裁者」。

　　6月21日至24日，王雲五訪問法國，在巴黎見到胡愈之，對他印象不錯。王雲五追述道：「商務印書館東方雜誌助理編輯胡愈之，自（巴黎）鄉間來訪。愈之以編譯生考入商務印書館編譯所，嗣在東方雜誌助理編輯，寫作甚有進步，前歲自費來法留學，研究國際

22　《紐約時報》，1930年6月1日。
23　王雲五：《岫廬八十自述》，頁149-150。

法。[24]」平鋪直敘中反映出他有起用胡愈之的想法，後來他把《東方雜誌》交給胡愈之主編，含有提攜後進、不拘一格使用人才之意。胡愈之後來也回顧在法國見到王雲五的情況，在《回憶商務印書館》一文中寫道：「我在法國遇到過王一次，他來找我。他說商務要他做經理，他認為原來的老先生對付工人沒有辦法，他向商務提出讓他周遊世界一次，專門看看大工廠，專門考察管理工人的辦法。[25]」胡、王兩人後來走上不同的政治道路，他倆評價對方有所側重是可以理解的，但都以尊重歷史基本事實為前提。

　　7 月 8 日至 27 日，王雲五在德國進行訪問，重點考察工業界的「合理化運動」，即企業如何做到以最低消耗的人力、物力，達到最高效益的生產目標，其中包括簡化工作程序、產品標準化、改善交易等。王雲五對這些內容很感興趣，先後用於「科學管理」的改革實踐中。在漢堡，王雲五訪問了中德協會，受到格外熱情的接待，並與該協會保持長久的關係。在《初出國門與專題考察》的憶舊文章中，他特地加入中德協會捐贈圖書一事：「後來東方圖書館因『一·二八』之役全毀，民國二十二年（1933）後，我準備復興東方圖書館，該協會即在德國發起募集大批名貴圖書捐贈於東方圖書館復興委員會。[26]」中德協會在 1933 年以後對復興東方圖書館一事情有獨鍾，特殊的時代背景起著相當大的作用，王雲五對此諱莫如深。30 年代前期，國民黨蔣介石大肆宣傳法西斯主義，企圖實現軍隊和各級黨部的法西斯化，為其獨裁統治服務，各類鼓吹中外法西斯的圖書充斥書市。在這

24　王雲五：《岫廬八十自述》，頁 155。
25　胡愈之：〈回憶商務印書館〉，見《文史資料選輯》第 61 輯。
26　王雲五：《岫廬八十自述》，頁 166。

種特殊的政治背景下，德國的中德協會向東方圖書館復興委員會捐贈大量圖書，除了一般意義上的文化交流之外，當然另有深遠的用意。

對於德國人重視社會公德、嚴於律己，乃至他們生活習俗的細微之處，王雲五都讚歎不已，並提升到民族尊嚴的高度贊之頌之。例如，德國人洗澡時，如果沒拉下窗簾，一旦鄰居報警，即受懲處。路人見有人隨地吐痰，往往主動向員警舉發。王雲五感慨地議論道：「此事在各人自掃門前雪，勿管他人瓦上霜之我國傳統下，縱能律己加嚴，多不願干涉他人，使之受懲。只有德國人獨異。他們認為人人有維持公眾利益之義務，對於違反公益之人不宜輕輕放過。由此推想，則對其國家加以侮辱者，其反抗與報復之強烈自不待言。」在德國的種種社會見聞，令王雲五浮想聯翩，作〈遊德偶感〉詩一首，抒發欽慕之情：

> 凱撒當年著戰功，風光景物尚從同。
> 爐餘收拾商量苦，善後輸將羅挖窮。
> 解甲健兒猶撫髀，枕戈民族倍勤之。
> 十年生聚十年教，待與群雄遂上風[27]。

這首詩寫在第一次世界大戰結束後的第 12 個年頭，德國國內狹隘的民族主義情緒重新抬頭，表現出洗雪戰敗恥辱的強烈欲望。王雲五感受到了這種氣氛，在詩中對「枕戈民族」表示欽佩。對於兩次世界大戰之間彌漫於德國的民族復仇情緒，有識之士在政治上大多予以否定的評價。王雲五發表這首詩顯得不合時宜，但其間有「借德喻

27　王雲五：〈漫遊歐陸渡重洋〉，見《談往事》。

「華」的含義，希望中華民族奮發圖強，改變積弱受辱的局面。「十年生聚十年教」，借用中國典故抒發感慨，亦非偶然。

王雲五在訪德之前，遊歷瑞士；訪德之後，遊歷比利時、荷蘭、意大利。8 月 10 日，他啟程回國，歸途中順訪設在新加坡、香港的兩個商務分館。遠洋輪行駛了一個月，王雲五甚感寂寞，寫了不少詩以消磨時間。茲摘抄其中一首，以此插敘為契機，展現王雲五內心感情世界的另一個層面：

> 片言道珍重，遊子今遠離。一去萬千里，相聚在何時？
> 膝前盈八九，堂上有嚴慈。惟伊肩重負，事蓄職兼資。
> 送我江之上，臨別故遲遲。一聲鳴汽笛，握手緊相持。
> 男兒重信約，駟馬勢難追。脈脈含情去，東西各背馳。
> 瀛洲倏忽至，景物盡遷移。無限春光好，怕看連理枝。
> 舟中來竹報，傾刻破愁眉。解纜乘風逸，汪洋任所之。
> 匝旬不見岸，穩渡夏威夷。親朋走相迓，竟日樂怡怡。
> 從此更西指，金山瞬在茲。新邦觀締造，觸目盡驚奇。
> 五旬遍十市，處處擴聞知。大樹參天立，巍峨紀念碑。
> 夜深看瀑布，奔騰萬馬嘶。樓臺高萬仞，廠舍昔星棋。
> 文教凌先進，書城擁百陴。故人逢邂逅，促膝共論詩。
> 流光不可駐，轉瞬聽歌驪。客中偏送客，惆悵不勝悲。
> 思親復懷舊，滄海浩無涯[28]。

全詩共 25 韻，後 10 韻作于歸國途中，回顧訪問美歐的見識與感

28　王雲五：《岫廬八十自述》，頁 145-147。

受，以及邂逅友人的情誼；前15韻作於赴美途中，思念親人，感受真切，情意纏綿。王雲五一生撰文數千萬言，與自己經歷有關的文字佔了相當大的比例，卻很少提及中年時期的家事，對兩位妻子的情感更是深藏不露，但這首詩反映出他對家人情感真摯，對妻子的思念表達得頗為直露。「膝前盈八九，堂上有嚴慈」，描寫父母健在，兒女成群的情景，其意在於引出憐惜妻子的情感，「惟伊肩重負，事蓄職兼資」。前15韻中，描述夫妻情深的詩句佔了大半，以致情不自禁而萬分傷感——「無限春光好，怕看連理枝」。在瑞士遊玉女峰，王雲五曾作七絕一首，抒發對愛情的渴望和對妻子的思戀：

層巒秀色最堪餐，百景撩人意自閒。
一日四時春冬夏，秋風落葉獨闌珊[29]。

詩中的春夏秋冬暗喻山上山下冷熱懸殊。「百景撩人」，秀色堪餐，則寓抒情於寫景之內。「獨闌珊」在古詩詞中，常用於思念妻妾情人，在這裏可理解為王雲五對大妻、小妻的思念。

關於王雲五在20世紀20年代後期至30年代初的家庭生活，以及他與子女的關係，極少有人作細緻的描寫。據筆者收集的資料，唯有朱文長（朱經農之子）作過生動真切的描述。朱文長15歲那年，奉父命去王雲五家住過幾天。他在《憶王雲五先生》一文中回憶道：「王家住在北四川路底一條新式弄堂裏。這與上海一般普通只有水門汀鋪地的弄堂不同。每家門前略有空地，種有花木青草，王家所居是其中最大的一所。正如上海一般住戶一樣，門戶十分森嚴。進了門，

---

29 王雲五：〈漫遊歐陸渡重洋〉，見《談往事》。

卻受到王家上下的熱烈歡迎。我的第一個印象是房裏的書多，整房整房的一排排的書架，哪裏像普通人家的書房，簡直是圖書館嘛！」王雲五子女眾多，一撥又一撥的，更令朱文長歎為觀止：「第二個印象是王家孩子多。一轉出來一個，一轉又出來一個，而且每個都是學什麼的。除了學文、學理比我大以外，其它學武、學政、學哲、學農、學醫、學藝……反正好像學什麼的都有，都比我小。[30]」由於王雲五的學識主要是靠自修得來的，他對學校的教育效果持懷疑態度，因此他那時不讓孩子上學念書，而是延聘家庭教師教孩子讀書，他本人則時常給孩子作些指點。朱文長來到王雲五家的當天晚上，王雲五把他和幾個大孩子召集到自己的書房裏，給他們每人一本英文書，指定段落，要求他們各自在規定的時間內譯成中文，然後一一批點，當面交換意見。在編輯《王雲五大辭典》時，王雲五讓大小孩子們參與編輯工作。王雲五的家庭教育，效果還是很不錯的。學政年齡很輕的時候就主編《健與力》雜誌，更小的學哲后來編輯《王雲五小字典》。他的子女成人後大多留學國外，有的成為專家學者。那天晚上英譯中訓練完畢後，王家的孩子擺出乒乓臺來打擂臺，相互不服氣，爭吵喧嘩甚為熱鬧。這時，王雲五自顧自看書，不作任何干預。第二天用早餐的時候，王雲五的食量又讓朱文長吃了一驚。個頭矮矮的王雲五，居然興致勃勃地吞下一大碗公肉絲麵，如風捲殘雲，一掃而光，朱文長回憶道：「我對雲五先生的健啖，印象也頗深。」

筆者借助朱文長的刻畫，展示了王雲五為人的另一側面，雖然同王雲五的社會形象沒有直接關係，卻也是不可缺少的，因為寫一位社

30　朱文長：〈憶王雲五先生〉，載臺灣《傳記文學》第35卷第6期。

會名人的傳記，倘若全然沒有家庭生活的內容，便不足以勾畫出其全貌，此其一。其二，以上的描述，以及對王雲五思念親人詩作的述評，反映出王雲五同家人的關係是親密無間的，這對他的事業有成起著間接的影響。溫馨的家庭氣氛和優裕的物質生活，使王雲五做學問、搞事業沒有後顧之憂，使他得以每天以飽滿的精力、愉悅的心情投入工作。

擬定全面改革計劃草案，明確各崗位職責，嚴定工作標準，以薪金為調節手段。「西學為用」，土洋結合，開我國民資企業「科學管理」之先河。

精力過人的王雲五，出訪回家僅休息一天，便於 1930 年 9 月 11 日向商務印書館董事會提交了一份全面改革的計劃草案[31]，經討論獲一致通過。9 月 13 日上午，王雲五在商務印書館發表長篇演講，題目為「本館採行科學管理計劃[32]」。王雲五提交董事會討論通過的改革草案寫於歸國途中，長達 3 萬字，分 12 個方面，其間穿插各國經驗，前後論述有不少重複之處。其時，歐洲有些工商界人士稱企業管理方面的改革為「合理化運動」，王雲五則使用「科學管理」的名稱。從他擬寫的改革草案的內容看，的確也含有「科學管理」的成分。那時國內工商業者大多尚不知「科學管理」為何物，王雲五這份「洋為中用」的改革草案，在我國企業管理史上應有一席之地。當然，其間的時代局限性也是顯而易見的。筆者刪繁就簡，將這份改革草案中的 12 方面分類歸併，捨去國外經驗的類例，作扼要摘敘，並

---

31 草案全文見王雲五：《岫廬八十自述》，頁 174-200。
32 演講詞記錄稿見王壽南：《王雲五先生年譜初稿》，頁 180-208。

作若干簡要評論。

　　一、財政預算和成本核定。商務印書館「各部編制預算，計劃進出，作為假定之成績，各小部分再根據所屬部分之預算，別編分部預算，以迄最小部分」。據此，擬將館內財政預算分為公司、各所各處、各部各科以及個人四級，先編制前兩級的預算，以後酌情把考覈計酬用於後兩級。目的是改變過去紅獎「根據職工薪水與年資一律分配」的成規，切實考覈，獎勤罰懶，「如此則人人自知其責任，當能奮勉」。其要旨為，搞好成本核定（王雲五稱之為「成本會計」），明確商務館實際盈餘，嚴格規定工作標準，以確保財政預算的準確性。由於王雲五不精通成本核定的具體細節，訪美期間「已派定研究專員周自安在美國各印刷所訪問各出版家，研究其編製成本會計方法[33]」。

　　二、推行標準化，各項工作合理銜接。館方對於「各種設備、原料、方法、出品種種，研究其適當的標準」，令各部門採行，達到節省耗費的目的。就設備而言，「本館廠房機器係二三十年內陸續設置，初無一定系統，故原有布置研究改良，實為必要」，因而，需要淘汰部分舊機器，購置新機器。此外，工具、簿記、檔案也應汰舊購新，逐步做到標準化。原料的標準化，主要是做到用紙標準化，即減少用紙種類，利於適量存備，以改變以往購備各種型號紙張過多而使資金呆滯的弊端。與用紙標準化相應，棧房琯理也可以做到簡便節約，並使庫存貨物「一望而知」。產品標準化，指的是減少版式，盡可能做到大批量印書，「蓋印刷小量之書籍與印刷大量書籍，其時間

33　王雲五：《岫廬八十自述》，頁175。

比例至不經濟，且管理手續亦甚麻煩。今後宜大刀闊斧，將無存在必要而銷路不多之書籍，概予停版。同時即以餘力將有存在必要而銷路較多之書籍，充分印行。……又此後出版物亦宜有一定方針，預為計劃，雖對於外稿間或不能不予以敷衍，然敷衍須有限度。同時本館須有主動的計劃，而此種計劃亦須注意標準化也[34]」。王雲五關於多編印暢銷書、不出滯銷書的這番議論，很有點出版商的眼光，比今天的出版家早覺悟了半個多世紀。其實，前些年他策劃編印《萬有文庫》時，已經具備了投入較少人力物力、獲取最大利益的商家戰略眼光。但他仍堅持出版學術價值較高的專著，不怕局部虧損，這是他難能可貴之處。

所謂「工作的合理銜接」，首先是指各個工序內部的緊密銜接，如印刷所裏的機器生產，「目標在使工人受機器約束，故管理上無須過嚴而自嚴，產生人與機器一致之結果[35]」，並改日班為三班制，以充分利用機器設備。其次，各項工作之間也要合理銜接，從編輯、發稿、排字、校對、製版、印刷，直到分發、銷售，要做到環環相扣。針對「瓶頸」，改良薄弱環節。

為了使標準化工作有所依據，各部門負責人心中有底，要配套搞好統計工作，在辦公室列出種種統計圖表。關於這一點，「雲五已派研究所專員關錫麟，在美、英各大公司研究其編制統計方法」。

三、明確職責，量化工作，按勞績計酬。明確規定各崗位工作的性質、責任、所需技能及工作量，為此首先需要對各項工作做切實調

34　王雲五：《岫廬八十自述》，頁191。
35　王雲五：《岫廬八十自述》，頁177。

查，「考覈結果，對於報酬地位較技能成績為低者，酌量按職加薪；對於地位不相宜者，酌量調動；對於能力成績較遜者，加以訓練或告誡[36]」。量化工作最容易做到的是對操作工人，而且可用以對付最會鬧「工潮」的工人，因此王雲五竭力主張在工人中推行美國的泰羅制（泰羅亦譯作泰洛、泰勒）。所謂泰羅制，是由美國工程師首創的一種生產組織和工資制度，即挑選操作技能最好的強壯工人，令他們極端緊張地工作，以每秒或幾分之一秒為時間單位，記錄下完成每一操作的時間，再參照必要間息等因素，據以規定生產規範和標準時間。少數工人耗時低於標準時間，得全薪及獎金；多數工人達不到要求，只得按低廉的計件單位獲得工資[37]。列寧對泰羅制曾作過評價：「一方面是資產階級剝削最巧妙的殘酷手段，另一方面是一系列的最豐富的科學成就。[38]」王雲五認為，泰羅制的「動作研究與時間研究」，是對工人實施「科學管理法」的兩個因素，應參照美國經驗在商務館所屬工廠推廣之。他制定的具體計算方法為：熟練工人基本動作的平均值，加上百分之五十的間息時間，等於完成每一操作的標準時間；工作量超出此標準者加發獎金，不足者培訓，培訓後仍無進步者則調崗或解雇。對於不適用泰羅制的生產部門，王雲五計劃實施計件付酬。他強調每件工作的量化測定一定要合理化，否則「件工工人，對於酬率較薄的工作將不願擔任，而群趨於酬率較厚者」。王雲五認為，實施計件工資，或參照其標準，可以將打字、抄寫、收發等事務性工作人員減至最低限度。對於事務員的獎勵可採用兩種方法，超標準部分的工作另發獎金，或從工人的年終獎中撥出一部分。售貨員的工資，

36　王雲五：《岫廬八十自述》，頁 180。

37　參見 F.泰勒：《科學管理原理》（上海市：上海科學技術出版社，1982 年）。

38　《列寧選集》（北京市：人民出版社，1972 年），第 3 卷，頁 511。

則計算出最近幾年的售出產品價值的平均值,確定基本日薪,超售部分參照美、日商店標準,按貨價的 5%左右給發獎勵。

腦力勞動也要量化。該改革草案寫道:「本館編譯所組織情形,驟視似與歐美出版家不同,即因人數多至二三百人,為各國出版家鮮有之故。然而編譯所中純粹用腦力工作,堪稱編譯人員者人數不出三五十人,此外盡為事務員及技術員。」因此,對編譯所人員要區別對待,凡屬事務員、技術員的,另定合適標準;對真正的編譯人員,要重新規定每人每天譯稿、編寫及審改來稿的字數,並要求每位編輯列出工作進度計劃,其工作量「每半年超出所領薪水數,加給酬金[39]」。

至於月薪的測定,王雲五認為應由雇主全權確定,工人或工會不宜加入。他在草案中援引英國印刷業勞資聯合委員會勞方秘書霍姆斯的話,力圖說明勞資雙方的利益是一致的,勞方應理解資方的工資確定權:「英國工人所以不向一廠提出要求者,固由於勞動協約係一業所訂定,實亦以自己工廠若有特殊負擔,則與同業競爭將陷於不利地位,結果影響工人自身之利益。」緊接著,王雲五指責商務印書館職工過去多次要求加薪損害了勞資雙方的利益,「由此可知本館職工之種種要求,實於同人均為不利,……本館有內部之工會,獨陷於不利之地位[40]」。

關於工資之外的獎勵金,王雲五認為有兩種基本方式,一是獎金屬於薪金的一部分,以年終特別加薪的方式發放,這種方法手續簡

---

39 王雲五:《岫廬八十自述》,頁 183-184。
40 王雲五:《岫廬八十自述》,頁 185。

易；二是按期發給獎金，優點是有伸縮性。但他又提出，改革初期，以上兩種方法均不宜採用，而是先確定工作標準，超產者獲取獎金的數額，相當於超產值的三分之一至二分之一。顯而易見，王雲五所定的獎勵方法，看似勞資兩利，其實資方可坐享超產值的一半以上。

四、變通促銷手段，打開圖書市場。銷售部門的員工要加強業務訓練，圖書陳列要便於顧客一目了然，在結帳計算、收款找零、包裝書籍等方面做到靈活快捷。此其一。其二，由商務總館指派專員，赴各地調查圖書需求詳細情況，使各分館的銷書種類與數量趨於合理，這樣既可擴大銷量，又不至於積壓圖書。第三種方法更有新意，即改良和發展「通信營業」（即郵購）。王雲五寫道：「余意本館今後對於通信營業，除就原有通信現購處改革，將通信函件格式化，於存檔存料改取便捷方法，務須對於定單或來信在二十四小時內答覆。」郵購業務包括商務所有產品，並且要向海外宣傳、推廣，凡介紹新訂戶者給予獎勵。郵購業務改革中最有特色的一條是，「對於購書者，請其指定書籍範圍，遇有新版而範圍相當者，不待函購，逕行郵寄[41]」。這條規定有先斬後奏的味道，譬如某單位某顧客曾表示有意購買歷史書，則商務館新出版的歷史類著作，無論外國史還是中國史，無論古代史還是現代史，不必預先徵求對方意見，「逕行郵寄」，然後結帳索款。

五、乾脆俐落處理勞資矛盾。王雲五提出解決勞資矛盾「務求迅速」。他認為商務印書館勞資矛盾解決不好的癥結在於，「近年工會職工會提出要求往往過分，在彼既存討價之意，在此亦不免有還價之

41　王雲五：《岫廬八十自述》，頁 192。

舉，雙方精神消耗於交涉中，不知幾許」。於是他搬用歐美實業界處理勞資矛盾的經驗，在草案中提出，今後「公司方面宜於問題發生之初，權衡利害，熟察結果，能允許即允許之，不能允許者應始終堅持，不再讓步[42]」。怎樣才能使館方瞭解勞方的要求與動向，從而及時採取措施，做到防微杜漸呢？辦法就是開闢溝通管道，館方平時與職工增多接觸機會，「擬由總經理或經理一人，間日以一二小時接見職工」，每次接見不超過 10 分鐘。但草案又規定，職工要預先提出書面請求，陳明理由，才可以獲准與經理以上主管人員面談。

六、機構改革以縱橫結合為形式，行總經理獨裁之實。在商務印書館組織機構改革問題上，王雲五的草案詳細比較了縱向、橫向、縱橫結合、合作等四種類型國外企業管理模式，認定縱橫結合的企業管理模式適用於商務印書館：「此法於採行縱的組織設科長股主任外，另就重要或專門業務設置專組，如人事、會計、統計、稽核、研究等主持之。俾各科長、各股主任對於此類專門業務得免負責，而由各該專組擔任。」王雲五如此解釋縱橫結合的管理模式，其本意顯然在於強化總經理集權，即把人事、財會以及研究決策等職權從原科室分離出來，交給特別設置的專門機構分管，並直接對總經理負責。如何將縱橫結合的模式有效地運用於商務印書館的機構改革呢？王雲五以慣有的坦率提出，另設人事科和研究所，新老機構歸他一人統轄：「除原有之總務處人事股宜擴大範圍改為人事科，將三所一處之人事，如考成進退、待遇等問題一切歸該科考覈，秉承總經理辦事處，其研究所一項，並特設專所，獨立於三所一處之外，歸總經理直轄，俾便獨

---

42 王雲五：《岫廬八十自述》，頁 195。

立進行研究改造。[43]」如此這般的所謂「縱橫結合」，實質是縱向的總經理集權獨裁體制。新設的人事科、研究所以及原有的編譯所、印刷所、發行所、總務處都對總經理負責。而且，王雲五將商務印書館最關鍵的部門都置於直接控制下，他本人兼任研究所所長，後來又兼編譯所所長，人事科科長則由協理兼任。那麼另兩位經理還有何事可幹呢？他倆隻分管總務處的部分工作，即會計出納。過去，商務印書館的重大事情由總務處會議商量決定處理辦法，與會者為總經理、經理、所長、處長等。若不改變這種集體議事制，王雲五的總經理獨裁制便無法推行。王雲五在草案中再次援引國外經驗，各國新公司「決定與主持輒以一人專攻」，藉此否定商務印書館長期行使的集體議事制度。該草案對集體議事制進行了直率的批評：「本館現有總務處會議，其性質係以委員制主持公司，然結果則重大事件往往議而不決，或互相遷就，於是主張未易貫徹，處事亦常延宕⋯⋯況當內部風潮甚多，應付頻繁之時，更非以一貫之方針，迅捷之決定應付之不可。[44]」如果說，王雲五在編譯所所長任內全權主持編輯出版工作，是因為那時的總經理形同虛設，他實際上已成為商務印書館的第一人，那麼，他出訪回國後正式就任總經理，力圖通過改變規章制度，使自己成為名副其實的商務印書館獨裁者。他給商務印書館董事會兩種選擇，要用我就得聽我王雲五的，否則就另請高明。董事會中元老級人員無可奈何──要找一位既有學識、有膽魄，又熟悉館務的人物，確非易事，既然總經理非王莫屬，其職權也只能由他說了算。

　　儘管王雲五把工會、職工會看作「科學管理」的阻力，但馬上取

43　王雲五：《岫廬八十自述》，頁 194。
44　王雲五：《岫廬八十自述》，頁 195。

消這些組織勢必引發衝突，於是他設法控制之。在草案中，他提出成立一個由勞資雙方合組的委員會，由資方指定的各所處特派人員和各工會、職工會代表組成，以便上下溝通，為實施全面改革消除障礙，該委員會的作用即如改革草案所述，「使各該處所人員與各工會職工會，對於將來推行之新法，不致因隔閡而起誤會」。

與這套「科學管理」改革方案相比，王雲五以前在編譯所所長任內推行的改革只是小打小鬧。那時的改革沒有理論支撐，也沒有歐美、日本企業管理經驗可供借鑒，主要的舉措是對編譯人員汰舊用新，以改變對外形象，適應新文化運動之後的時局之變；而後，王雲五規定編輯人員的工作量缺乏「科學的」依據，發秘密紅獎等獎懲措施擴大使用範圍後引起勞資糾紛，結果又恢復到吃大鍋飯的原狀。這次改革方案就大不相同了，其思路和理論依據大多是舶來品，充分體現了王雲五半年出國考察的成果。但王雲五學習外國企業的「合理化」管理，並不是簡單地搬用其具體經驗，而是「中學為體，西學為用」。這 3 萬字的改革方案，是從 40 萬字考察筆記中提取的理論精華，也是與商務印書館某些實際情況相結合的產物。從體制上看，他的總經理專任制參考了歐美國家「縱橫結合」的模式，但取消總務處合議制，削弱董事會權利，使他的專任制更具有中國傳統家長制的特色。從改革措施看，他針對商務印書館存在問題的特點，如勞資長期關係緊張、工作效率不高等問題，有選擇地吸納了國外企業管理經驗，提出一系列土洋結合的改革措施。

召集職工代表會議，宣講改革有利勞方。外出演講「科學管理法」，引起輿論關注。「科學」改革方案失人心，愁極鬚髮白。

1930 年 9 月 13 日上午，王雲五對商務印書館重要職員作題為「本館採行科學管理法計劃」的講演，透露了改革草案的要點，並為自己決心推行大幅度的改革作了輿論上的準備。這篇講演辭對「科學管理法」的起源和沿革作了一番論述，在國內堪稱作此項考證的第一人，有在中國企業界開「風氣之先」的味道，茲摘錄如下：

　　科學管理法，又稱做「實業合理化」（Rationalisation），最先發起的就是美國，當時稱為泰羅氏方法（Taylor's System）或科學管理法；其後英、德等國先後繼起採行，成效漸著。歐戰後，德國拉屯祿氏（W.Rathenau）根據科學管理法，創議所謂「實業合理化」，著書立說，風動全國，將衰落後的德國實業，居然復興起來。1927 年，國際聯盟覺得德國實業的復興，其方法很可供各國研究取法，於是在日內瓦開了一個國際經濟會議，列席者為雇主、勞工及經濟專家三方面的代表，結果就決定採行實業合理化，換句話說，就是採行科學管理法[45]。

　　9 月 13 日下午，王雲五召集商務館三所一處的四個職工會代表談話，籠統交代了改革設想，著重解釋實施「科學管理法」於勞資雙方都有利：「通常勞資問題的發生，在勞方有兩個原因，一種是因為職工的生活不充分，一種是因為職工對於待遇的不滿足。在資方也有兩個原因，一種是由於資本家的不肯多給，一種是由於資本家的無力多給。其實這種種毛病，都是由於不實行科學管理的緣故。如果實行科學管理法，雇員依工作標準取酬，資方也依工作標準給酬，多多少

45　王雲五 1930 年 9 月 13 日作「本館採行科學管理法計畫」演講的速記稿，見《商務印書館通訊錄特刊》（上海市：商務印書館，1930 年）。

少便無所用其爭執了。[46]」9 月 19 日他對四個職工會的幹事、組長發表講話，重點放在正面說理，力圖使他們理解「科學管理法」。第一，解說「科學管理法」對工人有利。他首先說明泰羅制的「出發點是兼顧工人的生理和心理兩方面」，然後宣傳「科學管理法」被歐美各國普遍採行，已成為「各國所公認的好辦法了」。他知道有些職工會的幹部特別相信蘇俄經驗，特地提到：「俄國現在也行科學管理法，而且行得非常徹底。」第二，從反對外國經濟侵略角度，闡述實施「科學管理法」的政治意義。他自問自答地說道，進口產品工價高，運費貴，價格反而比國產品便宜，為什麼呢？「這就是他們能夠用科學管理法去經營生產的結果呀！我們受了這種經濟侵略，真是苦得不得了。要想打倒這種經濟侵略，只有用科學管理去促進生產，才可以達到目的。」第三，以發展社會文化的「使命感」來激勵職工。他激昂地說道：「凡我同人，都負著重大的責任。因為人人都是文化事業的擔任者，所以不問用腦或用力，不問粗工或細工，都應當以教育家自居，認定社會文化的發展，自己也有一份應盡的責任。現在我們要行科學管理法，……受益的除了我們之外，還有社會文化。[47]」王雲五善於向不同對象作不同的宣傳。對職工會幹部的講話，似乎完全站在工人階級立場上，而在商務印書館高層會議上宣傳的改革草案，卻偏重於資方利益。由於他對館內各方面各層次應付得當，在改革籌備階段沒有引發多少爭議。

接著，他像當年宣傳四角號碼檢字法那樣，頻頻外出宣講「科學

---

46 王雲五 1930 年 9 月 13 日對商務工職四會代表的演講辭，見《商務印書館通訊錄特刊》（上海市：商務印書館，1930 年）。

47 王雲五 1930 年 9 月 19 日對工職四會幹事組長聯席會議的講話，見《商務印書館通訊錄特刊》（上海市：商務印書館，1930 年）。

管理法」。10 月 4 日，他以「工資問題」為題作演講，聽眾來自民國建設會、工商管理協會、滬江大學、大夏大學、中央大學商學院。10 月 17 日，他應上海特別市社會局之邀，作「勞資問題」演講，聽眾多為勞工組織的幹部（該講演辭收入《岫廬論經濟》一書）。10 月 18 日，他在上海青年會演講「工作標準」（講演辭收入《談管理》一書）。11 月 15 日，他在康元制罐廠發表「我國實行科學管理法之先鋒」演講。11 月 22 日，他在上海青年會發表「工業標準化」演講。11 月 25 日，他在中央大學商學院發表「工廠人事管理」演講。12 月 6 日，他在復旦大學發表「科學管理法的作用與目的」演講。「科學管理法」這一新名詞和有關內容，經他頻頻作演講，引起了學界和企業界的關注。

在對外宣傳科學管理法的同時，王雲五抓緊籌備商務印書館內部傷筋動骨的改革。10 月，商務印書館研究所正式成立，王雲五自任所長，朱懋澄為副所長，聘任 7 位曾留學美、德兩國的青年專家為研究員，對改革草案作深入的專題研究，制定改革細則。12 月 18 日，王雲五召集編譯所重要職員和職工會代表，談了改組編譯所的構想。他指出，編譯所人員多達 300 餘人，這在國內外是沒有先例的，編譯、編輯、審查、核改、發排、校對等各類人員混雜在一起，致使機構龐大，工作效率低下。針對這種弊端，擬將出版部、事務部、函授社等劃出，留任的編譯人員「分為編輯、副編輯、助理編輯或編輯生等數級。將來各專科編輯部門的組織，大概以科目為單位，務使部分縮小，職務專一[48]」。1931 年 1 月 10 日起，王雲五陸續宣佈各項改

48　王壽南：《王雲五先生年譜初稿》，頁 237-238。

革計劃，他親手擬定的《編譯所編譯工作報酬標準試行章程》共 26 條，把編譯工作分為著作、翻譯、選輯、校改、審查五種，對各項工作的擔任者資格、工作種類和品質高下（即出版物質量優劣）等三項作了嚴格規定，與報酬掛鉤。據這三項標準綜合評定，將編輯工作分為 8 個等級，每一等級都詳細制定編、譯、校等各類工作千字計酬標準，並明確規定「編譯所內擔任編譯者之資格，由編譯所所長提交編譯評議會評定等級後，報告總經理決定之」，「工作之種類由編譯所所長參酌總編譯部之意見決定之」，「品質高下由編譯所所長參酌審查員意見決定之[49]」。

《編譯所編譯工作報酬標準試行章程》公佈後，在編譯所內激起軒然大波，所內全體職工一致表示反對。1 月 15 日，編譯所職工大會通過決議：第一，全體職工反對「絕對不符合科學方法」的新標準。第二，所長何炳松若不能行使其職權，由所內職工推舉委員組成編譯會議，負責將編譯所工作恢復原狀。第三，總經理不得越權干涉編譯所內部事務。第四，組織特種委員會，專門辦理交涉，以推翻《試行章程》為目的。第五，職工會發表宣言，反對借「科學管理」名義行施的改革方案。第六，編譯所同人的意見函報董事會。[50]印刷所、發行所和總務處的職工會也行動起來，與編譯所職工會並肩鬥爭，造成三所一處全體職工一致反對「科學管理」的浩大聲勢。王雲五派人進行秘密調查，很快就查明率先發難的是編譯所職工會，他回顧道：「經我密查係由編譯所職工會主動，而該職工會之主動，原因

---

49 《編譯所編譯工作報酬標準試行章程》，轉引自《商務印書館編譯所之軒然大波》，載《中國新書月刊》第 1 卷第 3 期。
50 《商務印書館編譯所之軒然大波》。

殊複雜，除有左傾分子在背後操縱外，聞尚有高級人員參與。又聞印刷所工會動機較單純，開導較易；發行所頗不單純，其附和編譯所也最力。[51]」時任編譯所工會主席的鄭貞文對王雲五的「科學管理」反對甚烈，他後來以不屑的語氣回憶王雲五不得人心的「改革」：

> 他花了商務一筆資金，到歐美各國遛了幾個月鍍金回來，宣傳採用美國的新制度，施行其所謂「科學管理法」，主張編譯所裏應照工作性質按字計酬，引起同人的堅決反對。我適當編譯所工會主席，隨著同人和他理論。他對我貌似客氣，但那笑裏藏刀的狡猾態度，至今還歷歷在目。這一回合的鬥爭，他終於失敗，不得不打消原議，但心裏終是悻悻不平[52]。

編譯人員董滌塵在〈我與商務印書館〉一文中，對王雲五實施「科學管理法」也表示反感，並提到王雲五特地設立總管理處，受他本人直接領導，以便有效控制館務。董滌塵認為，在編譯所內搞成本會計，設專人負責，這種做法使編輯感到處於監督之下，很不自在：

> 原來我們編譯人員，每天工作量不做記錄，但在一定時期內亦有一個指標，如編成一本書，要規定多少時間。……自實行科學管理法後，每個編輯都發到一本記錄簿，每天下午下班前，要把這一天的工作情況按照記錄簿上印好的表格內容填好後撕下一張，下班之前由一位工作人員來收取。

顯然，編譯人員不習慣在刻板的規定下工作，他們感到知識分子

51　王雲五：《岫廬八十自述》，頁 197。
52　鄭貞文：〈我所知道的商務印書館編譯所〉，見《文史資料選輯》第 53 輯。

第五章｜多重色彩的企業家

的自尊性受到了損傷，這成為他們首先發難反對「科學管理法」的重要原因。章錫琛也認為，王雲五不考慮腦力勞動的特殊性，是遭到全體編輯反對的重要原因。他在《漫談商務印書館》一文中，將王雲五改革失敗歸結為階級矛盾尖銳：

這辦法一經提出，遭到全體編輯員的反對，一致認為腦力勞動不同於體力勞動，不能用數量來衡量。（王雲五）對總務處、印刷所、發行所也提出許多方案，向全公司廣泛宣傳，說這是美國最新的制度，實施以後對公司和職工雙方都有莫大利益，卻始終沒人理睬。這時期的商務開始了顯著的資產階級與工人階級的矛盾。

王雲五的「科學管理法」遭到全體職工特別是編譯所同人的堅決反對，加深了資本家同工人階級和知識分子的矛盾，鞏固了全體職工的大團結。雙方堅持不下，進行了幾個月的鬥爭，結果王雲五不得不打退堂鼓。

在推行「科學管理法」受阻之際，輔佐改革的研究室專家們一籌莫展，處境最為狼狽的是總經理室中文秘書陶希聖。陶希聖深為王雲五所倚重，兼辦商務印書館法律事務，他那支刀筆又著實厲害，在勞資雙方僵持之際刺傷了職工的情感，也給自己招來了麻煩。其時，三所一處的職工實際上已處於罷工狀態，強烈反對王雲五的改革方案，並提出十幾條要求，要館方給予明確答覆。王雲五不滿意人事科草擬的答覆檔，指令陶希聖另擬一份。陶希聖擬寫的答覆檔措辭強硬，而且寫明總經理享有不考勤的特殊待遇。商務職工對陶希聖偏袒資方的行為很為反感，推出 4 名代表到他的住宅，當面嚴詞警告道：「你今

天不辭職，我們明天便遍貼標語『打倒資本家的尾巴陶希聖！』」陶希聖不敢再招惹是非，提出辭職，不久赴南京中央大學任教。陶希聖提到「編譯所同人迫我辭職，另有一項重要原因」，就是國民黨南京政府在「清黨」後加強出版檢查，他曾協同總經理審查編譯所稿件，引發同人的怨恨：

> 向例，每出一部書，一份刊物，須先送樣本到總經理室，原本是備查的意思。至北伐清黨之後，出版家對於出版物所負責任甚重。總經理指示我，每部新書的樣本，尤其每份刊物的最後校樣，送來時務必檢查。於是《東方雜誌》乃至《婦女雜誌》、《學生雜誌》乃至《教育雜誌》，每一期須經檢查，方可付印。這一下子，編譯所同人認為「你陶某人從前做編輯，與我們一樣，如今你居然審查我們的稿子，甚至拿起筆來便刪改我們的文章」，這口氣怎可不出[53]？

從 1927 年國民黨當局「清黨」到 1931 年初商務印書館試行「科學管理法」，在此期間，商務的很多書稿由編輯自行編譯，但最後一關須由總經理室刪改文稿，他們心裏很不是滋味。但實施出版檢查事關政治，編輯們平時只能默然承受，到王雲五接任總經理並在編譯所推行《試行章程》時，他們便借反對所謂的「科學管理法」為名，群起哄走了「刀筆吏」陶希聖。陶希聖一走，王雲五失去了一位重要的幫手，使他對全面改革的信心大為動搖。因此也可以這麼說，眾多編輯對總經理室執行政府的出版檢查法規心懷不滿，這股怨氣曲折地發洩出來，反映到擠走陶希聖、反對王雲五執行「科學管理法」，這是 1931 年初王雲五實施改革受挫的潛在因素之一。

---

53 陶希聖：〈商務印書館編譯所見聞記〉，載臺灣《傳記文學》第 35 卷第 3 期。

編譯人員借助他們廣泛的社會關係，在輿論界造成反對「科學管理法」的氣勢，王雲五頓時成為眾矢之的。胡適於 1 月 21 日寫信給王雲五，勸他不必固執己見，宜以屈求伸，相機進退：

今天見報紙所載，知前日我的戲言大有成為事實之勢！你竟成了「社會之公敵」，鬧哉鬧哉！我很盼望你不要因此灰心，但也盼望你不要因此趨向固執的態度。凡改革之際，總有阻力，似可用「滿天討價，就地還價」之法，充分與大眾商量，得一寸便是一寸的進步，得一尺便是一尺的進步。及其信用已著，威權已立，改革自然順利。這個國家是個最 individualistic（個人主義）的國家，漸進則易收功，急進則多阻力；商量之法似迂緩而實最快捷，似不妨暫時遷就也[54]。

胡適的勸告給王雲五服了一貼清涼劑，王雲五撤回了《編譯所編譯工作報酬標準試行章程》，配套的全面改革難以為繼，王雲五推行「科學管理法」的第一回合實際上失敗了。事隔半個多世紀，曾在滬上熱鬧一時的這場改革已被多數人淡忘了，原編譯所尚存人員對王雲五推行的「科學管理法」評價不一，大抵是留居大陸者持否定態度，如鄭貞文、董滌塵、章錫琛等人曾撰文批判之；赴臺人員多持肯定態度，如陶希聖、楊有壬等撰文讚揚之。楊有壬於 1925 年 4 月進商務印刷所彩印管理處，1928 年當選為印刷所工會委員，1930 年任印刷所工會常務理事。根據他在商務印書館的經歷和地位，當年無疑是反對這項改革的。但他去臺後在國民黨中央黨部長期任職，他對王雲五和科學管理法的回顧、評論，便帶有揚長護短的明顯傾向性：

---

54 《胡適秘藏書信選》，轉引自王壽南：《王雲五先生年譜初稿》，頁 247。

王先生在歡迎會中對於科學管理之精神與意義，以及實施應注意之要點，詳加說明，保證決不影響同人之工作與待遇，推誠布公，頗收消除疑慮之效，嗣後推行順利，開我國工商企業科學管理之先河[55]。

　　其中提到的「歡迎會」，指的是商務印書館為王雲五出訪歸來舉辦的歡迎會。王雲五本人從未提及他的發言起過「消除疑慮之效」。恰恰相反，商務印書館職工代表聽了王雲五演講後疑慮叢生。至於「嗣後推行順利」之說，更是不顧當時實情的無稽之談。1931年初，王雲五改革失敗是不爭的事實。他本人寫的《自述》和有關科學管理法的其它論著，對此均不諱言。楊有壬在臺灣很容易看到新版和再版的王雲五的各種著作，卻仍將失敗粉飾為成功。由此可見，評論王雲五，時常因雜有地域政治色彩而因人論事。

　　這場失敗的改革，還有沒有積極意義呢？資方代理人搞科學管理，在階級矛盾尖銳的年代裏能有合理因素嗎？筆者認為，王雲五推行「科學管理法」，具有兩重性。他採取一系列措施對付全體職工，強化了資方對勞方剝削的殘酷性。他制訂具體而微的獎懲規定，目的之一是分化職工隊伍，以「消弭工潮」。由此合理推導下去，必然得出其政治上有反動性的結論。另一方面，他推行的改革也含有合理性和科學性。例如，節工省料，改良職工業務素質，提高各崗位的工作效率，密切各工作環節的銜接，諸如此類的舉措倘能落實，對於企業現代化程度的提高是有所裨益的。從商務印書館業務發展的角度看，推行「科學管理法」也有其具體的積極意義。改革的重點之一是促使

55　楊有壬：〈回憶商務印書館勞資關係與科學管理〉，見王壽南主編：《我所認識的王雲五先生》。

商務職工全面提高業務技術素質，其中包括編輯、印刷、出版、發行、財會各種人才的培訓與競爭，從而使各崗位的商務職工成為本職工作的行家裏手。商務印書館是那時國內規模最大、最有社會影響的出版單位，如果人員業務素質得到改善，將有利於我國出版事業的發展。改革另一方面的內容是針對事物的。例如，使用新式機器，提高印刷品質，以歐美先進的印刷技術作為追趕目標，力爭印刷品的精美程度與之相當。當時商務印書館的印刷技術在國內處於領先地位，這樣的改革目標如能實現，將使中國現代印刷技術更接近於世界先進水準。

「科學管理法」在商務印書館推行之初即遭失敗，一定程度上還反映出新的事物不易馬上被接受。那時國內其它企業都還沒有嘗試全面推行科學管理，商務印書館率先行動，必然會遇到較大的阻力。洋務運動曾在中國搞了幾十年，官辦企業的陳規陋習一直改不掉，近代民營企業搞了半個多世紀，主要的成就在於機器生產替代手工操作，在企業管理方面的手段仍然陳舊落後。中國近代企業家往往滿足於企業的生存與簡單的擴大再生產，沒有想到採用現代企業管理法，甚至不少實業界人士對「科學管理」這個名詞，都茫然無知。從這一點上看問題，王雲五在國內率先提倡全面推行「科學管理法」，還是具有先進性的。他事先對國外先進企業作了較充分的調查研究，還使用歐美留學人員對改革作專題研究，王雲五與這些專家對歐美、日本現代企業管理方法的理解是頗為深切的，他們推行西式「科學管理法」，為開闢「西學東漸」的一個新領域做出了努力。問題在於，他們對國情與館情未做深入研究，一下子就作傷筋動骨的改革，而且在相當程

度上是以犧牲部分職工利益為代價的，其失敗也在情理之中。

面對全體職工的一致反對，王雲五有兩種選擇。第一種辦法是同職工「討價還價」，修訂原改革方案；第二種辦法是表面承認失敗，撤銷原改革方案，再相機行事。王雲五認為，如果把原方案修改到沒有反對意見，那麼改革無異於名存實亡，於是決定先撤回原案，另定改革方案。退而思之，王雲五終於認識到了改革應分階段進行，第一步的改革應該對事不對人，也就是實施對物與財兩方面的改革，避開人事與薪金方面的改革，待第一步改革取得成效後，再逐步推行涉及職工切身利益的改革。他對此自述道：「其時既有成績表現，反對者自較易說服，科學管理之全面推行亦當較順利。」以退為進，王雲五面對挫折，不失其老辣。

1931 年 1 月下旬，館方宣佈撤回《編譯所編輯工作報酬試行章程》，王雲五對此辯解道：「公司不願以完全善意的獎勵章程，轉使同人誤會為惡意，故決定撤回。」2 月份，館方宣佈撤銷改革全案。與此同時，王雲五實施對物、財的局部改革，雖然這方面的改革仍然不可避免地會涉及一些有關人員，但涉及人數少，而且都是管理層面的人員，他們對上司較為順從。對物、財的改革舉措有三條。一是將原有 40 餘種版式改為 9 種，所用紙張相應由 200 多種改為 60 餘種，從而用於庫存紙張的資金節約了 100 多萬元。這是因為紙張種類減少，進貨、存貨便有了針對性，從而避免了資金大量積滯的弊端。商務印書館所用紙張均預先向國外造紙廠預購，從訂購到進貨需要好幾個月，價格又貴，所以通過紙張標準化來減少庫存量是必要的。二是暫時不添置新機器，充分使用已有機器，這一項舉措每年可節省開支

30 餘萬元。這項改革與原方案計劃大量購置新機器似有矛盾，但原方案使用新機器的設想意在革新排印技術，裁減工人，這涉及工人的切身利害關係，勢必淘汰部分不適應新技術的工人，因而很可能引發矛盾。新推出的方案充分利用舊機器，意在發掘設備潛力，對工人不提新的要求，避免了新一輪的勞資衝突。三是消除生產環節上的「瓶頸」，投入少量資金和人力，改善薄弱環節，使全部生產順序流水般暢通，半成品迅速轉為成品、商品，從而加快資金的周轉[56]。

這三條改革措施力度不大，也談不上創新，然而，一度「壯懷激烈」的王雲五，也只能勉力推行小改小革，有時仍覺得阻力重重，只好「空悲切」了。由於此前公佈的全面改革方案，啟動了商務印書館內部潛在的矛盾，人事糾紛不斷發生，部分股東和舊同人對喜歡搞新花樣的王雲五深懷不滿，以致對他的「攻擊」持續不斷。這種高層的人事糾紛雖然不像「工潮」那樣轟轟烈烈，但應付起來格外傷精神。胡適此間從北平寫信給王雲五，提到「南中來人，言先生鬚髮皆白，而仍不見諒於人[57]」。王雲五處境之艱難，從中可見一斑。

眼看「科學管理法」已無法在商務印書館推行，總經理王雲五對此也不敢再抱奢望。沒想到「一.二八」戰火燒毀了商務總館大半資產，這一災難卻轉變為王雲五再度施展改革抱負的契機。

56　王雲五：《岫廬八十自述》，頁 198-199。
57　胡適致王雲五信，見王雲五：〈兩年中的苦鬥〉，載《東方雜誌》第 31 卷第 1 號。

昌明文庫·悅讀人物　A0603020

王雲五評傳　上冊

作　　　者	郭太風
責任編輯	蔡雅如

發 行 人	陳滿銘
總 經 理	梁錦興
總 編 輯	陳滿銘
副總編輯	張晏瑞
編 輯 所	萬卷樓圖書股份有限公司
排　　版	菩薩蠻數位文化有限公司
印　　刷	百通科技股份有限公司
封面設計	菩薩蠻數位文化有限公司

出　　版　昌明文化有限公司

桃園市龜山區中原街 32 號

電話　(02)23216565

發　　行　萬卷樓圖書股份有限公司

臺北市羅斯福路二段 41 號 6 樓之 3

電話　(02)23216565

傳真　(02)23218698

電郵　SERVICE@WANJUAN.COM.TW

大陸經銷

廈門外圖臺灣書店有限公司

　　電郵　JKB188@188.COM

ISBN 978-986-496-015-6

2017 年 7 月初版

定價：新臺幣 280 元

如何購買本書：

1. 劃撥購書，請透過以下郵政劃撥帳號：

　　帳號：15624015

　　戶名：萬卷樓圖書股份有限公司

2. 轉帳購書，請透過以下帳戶

　　合作金庫銀行　古亭分行

　　戶名：萬卷樓圖書股份有限公司

　　帳號：0877717092596

3. 網路購書，請透過萬卷樓網站

　　網址　WWW.WANJUAN.COM.TW

大量購書，請直接聯繫我們，將有專人為您

服務。客服：(02)23216565 分機 10

如有缺頁、破損或裝訂錯誤，請寄回更換

國家圖書館出版品預行編目資料

王雲五評傳 / 郭太風著. -- 初版. -- 桃園市：

昌明文化出版；臺北市：萬卷樓發行,

2017.07

　冊；　公分. -- (昌明文庫；悅讀人物)

ISBN 978-986-496-015-6(上冊：平裝). --

1.王雲五 2.臺灣傳記

783.3886　　　　　　　　　　106011167